Kleine Weisheiten
für Liebende

Kleine Weisheiten für Liebende

Herausgegeben von
Evelyne Polt-Heinzl und
Christine Schmidjell

Philipp Reclam jun. Stuttgart

RECLAMS UNIVERSAL-BIBLIOTHEK Nr. 18323

Umschlaggestaltung: Stefan Schmid, Stuttgart
Gesamtherstellung: Reclam, Ditzingen. Printed in Germany 2005

ISBN 3-15-018323-5

www.reclam.de

Inhalt

Weisheiten für Liebende – Kleine Gebrauchsanleitung

Es gibt vermutlich kein universelleres Thema als das der Liebe und kein bekannteres Bild dafür als jenes des geflügelten Knaben Amor mit Pfeil und Bogen, der mitunter absichtsvoll, dann scheinbar zufällig, manchmal überraschend, dann eher geplant des Menschen Herz trifft. Oder anders gesehen: So vielfältig wie die Lebenswege der Menschen sind, so unterschiedlich sind auch deren Begegnungen mit dem schönen Vogel Liebe, den es einzufangen gilt, ohne ihn zu verletzen. Davon und über all die Spiele der Liebenden zwischen Abweisung und Zuwendung berichten die berufensten Dichter und Denker der Weltliteratur – vereint hier zu einem Liebesalphabet, das in das Chaos der Gefühle Struktur und ein wenig Sicherheit bringen soll.

Liebe ist von jeher ein gewagtes Abenteuer. Die Hinwendung zu einem vorerst unbekannten Du mag viel Unsicherheit bergen, verlassen sollte man sich dabei allemal auf die Grundfesten der menschlichen Empfindungsstruktur und den Einsatz aller Kräfte für den Geliebten. Liebe, um geliebt zu werden. Einmal im Besitz der Liebe, gilt es die Freuden und Wonnen auszukosten und sämtliche Register der Liebesbeteuerung und -anbetung zu ziehen.

Die Liebesbeziehung sucht sich gerne ihre Bestätigung im rituellen Bereich und führt damit unweigerlich in den institutionellen Bereich der Heirat und Ehe. Wenn die aphoristische Beschreibung hier meist Ironie und Skepsis widerspiegelt, nimmt sie nur vorweg, was mit hohen Scheidungsraten inzwischen gesellschaftliche Realität geworden ist. Liebesleid, Trennungen oder die Trauer um die Vergänglichkeit von Liebe nehmen so naturgemäß einen breiten Platz im Schreiben über Liebe ein.

Dazwischen liegen aber auch all jene unerklärlichen Bereiche der Liebe, die selbst in Aphorismen nur schwer zu fassen sind: die Missverständnisse und Stolpersteine einer Liebesverbindung, die unerklärlichen Reaktionen und Handlungen des Geliebten, die geheimnisvollen Vorgänge – aber sie sind es allemal, die das Zusammenleben zwischen Frauen und Männern spannend machen, und Momente freigeben, für die es sich lohnt zu leben und zu lieben.

Zwischen Abenteuer und Vergänglichkeit finden Sie hier die Kristallisationspunkte eines Gemeinsamen zwischen den Geschlechtern. Hierher sollten Sie immer wieder lesend zurückkehren, wenn Sie Anregung, Ratschlag, Trost oder auch nur Bestätigung in Liebessachen benötigen.

Liebe ist ...

Es ist schwer, die Liebe zu definieren. Nur so viel lässt sich sagen: in der Seele ist sie Leidenschaft zu herrschen, im Geist Sympathie, im Körper ein verborgener, feiner Drang, nach all den Heimlichkeiten zu besitzen, was man liebt.

La Rochefoucauld

Was ist die Liebe? Hat keiner ihr Wesen ergründet? hat keiner das Rätsel gelöst? Vielleicht bringt solche Lösung größere Qual als das Rätsel selbst, und das Herz erschrickt und erstarrt darob, wie beim Anblick der Medusa. Schlangen ringeln sich um das schreckliche Wort, das dieses Rätsel auflöst – Oh, ich will dieses Auflösungswort niemals wissen, das brennende Elend in meinem Herzen ist mir immer noch lieber als kalte Erstarrung.

Heinrich Heine

Die Liebe ist wie ein schöner Vogel, der eingefangen werden will, aber sich dabei nicht verletzen läßt.

Khalil Gibran

Liebe ist Traum und Bewegung.

Paul Valéry

Die erste Regung des Willens und jeglicher Begehrungskraft ist: Liebe.

Thomas von Aquin

Die Liebe hemmet nichts; Sie kennt nicht Tür noch Riegel,
Und dringt durch alles sich;
Sie ist ohn Anbeginn, schlug ewig ihre Flügel,
Und schlägt sie ewiglich.

Matthias Claudius

Die Liebe ist langmütig und freundlich, die Liebe eifert nicht, die Liebe treibt nicht Mutwillen, sie blähet sich nicht, [...] sie verträgt alles, sie glaubet alles, sie hoffet alles, sie duldet alles.

Paulus an die Korinther

Die Liebe ist die einzige Freiheit in der Welt: sie hebt die Seele zu solchen Höhen empor, daß die Gesetze der Menschheit und die Erscheinungsformen der Natur auf ihren Weg keinen Einfluß mehr haben.

Khalil Gibran

Abenteuer

Zur Liebe gehört Wagemut.

Sonka (d. i. Hugo Sonnenschein)

Die Liebe ist etwas Unvorhergesehenes. Man spricht von einem Zufall, aber es gibt keine Zufälle. Sie ist ein Blitzstrahl, der vom Himmel kommt und uns erst in Flammen setzt, wenn die Zeit für uns gekommen ist. Sie ist eine Art Wunder, sie lässt sich nicht vorherberechnen, sondern man muss sie erwarten können …

George Sand

Die Liebe ist wie das Fieber. Sie entsteht und vergeht, ohne dass der Wille die geringste Gewalt darüber hat. Das ist ein Hauptunterschied zwischen der Liebe aus Galanterie und der Liebe aus Leidenschaft. Hat das geliebte Wesen wirklich gute Eigenschaften, so verdanken wir das nur einem glücklichen Zufall.

Stendhal

Die Liebe ist eine Macht, die wir nicht in unserer Gewalt haben. Sie nimmt von uns Besitz ohne uns zu fragen und verlässt uns ohne dass wir sie halten können.

Johann Peter Eckermann

Leben ist wie lieben – alle Vernunft spricht dagegen, und aller gesunde Instinkt dafür.

Samuel Butler

Wenn er in seiner Liebe trotz aller Wächter immer wieder zu ihr strebt und sich heimlich zu ihr stiehlt, um in der Dunkelheit der Nacht, verborgen vor den Blicken anderer, sie zu treffen, werden viele unvergessliche Erinnerungen tief in ihren Herzen haften bleiben. Wie fad' hingegen ist es, sind die Eltern und die Brüder allzu schnell bereit, sie ihm als Gattin hinzugeben.
[...]
Wer nie in einer Nacht, erfüllt vom Duft der Pflaumenblüten, im fahlen Schein des zart umwölkten Mondes vor dem Tor der Liebsten harrte, wer keinerlei Erinnerungen an das Himmelszelt im ersten Morgenschimmer hat, wenn er auf taubenetzten Wegen heimgekehrt, lässt besser von der Liebe.

Kenkô

Mann und Weib sind ganz verschiedene Wesen, nur eine Brücke führt hinüber: die Liebe.

Peter Hille

Geistige Zuneigung

Es ist falsch zu glauben, daß Liebe durch langes Zusammensein entsteht oder durch beharrliches Werben. Liebe ist das Kind einer geistigen Zuneigung, und wenn diese Zuneigung nicht in einem Augenblick entsteht, dann werden Jahre und Generationen sie nicht ins Leben rufen.

Khalil Gibran

Gegen große Vorzüge eines andern gibt es kein Rettungsmittel als die Liebe. *Johann Wolfgang Goethe*

Verliebtheit: alles funkelt und nichts leuchtet ein

Elazar Benyoëtz

Der Reiz der Neuheit in der Liebe gleicht dem Schmelz auf den Früchten: er gibt einen Glanz, der rasch vergeht und niemals wiederkehrt.

La Rochefoucauld

Wir lieben nur einmal wahrhaft: das erstemal; später lieben wir nicht mehr so willenlos. *Jean de la Bruyère*

Säe ein Samenkorn in die Erde, und sie wird dir eine Blume hervorbringen. Träume deinen Traum zum Himmel, und er wird dir deine Geliebte bringen.

Khalil Gibran

De amore vestro, erinnere ich mich, dass diejenigen von Amor misshandelt werden, die ihm die Flügel stutzen oder ihn binden wollen, wenn er ihnen in den Schoß fliegt. Diesen, weil er ein Kind und unstät ist, reißt er die Augen, die Leber und das Herz aus. Diejenigen hingegen, welche seiner genießen, wenn er kommt, und ihm schmeicheln, wenn er geht, ihn gehen lassen, und wenn er wiederkommt, ihn willig aufnehmen, werden immer von ihm geehrt und geliebkost und triumphieren unter seiner Herrschaft.

Niccolò Machiavelli

In einer Liebe suchen die meisten ewige Heimat. Andere, sehr wenige aber, das ewige Reisen.

Walter Benjamin

Würdest hunderttausend Bücher du studieren:
wisse eins: zum Liebsten wird dich das nicht führen!

Qadi Qadan

Aufeinander zugehen

Dass sie ihre eigene Kraft kennen, das ist das Hinreißende an den Liebenden.

Hugo von Hofmannsthal

Wenn ich Liebe sage, so versteh ich die wiegende Empfindung, in der unser Herz schwimmt, immer auf Einem Fleck sich hin und her bewegt, wenn irgend ein Reiz es aus der gewöhnlichen Bahn der Gleichgültigkeit gerückt hat. Wir sind wie Kinder auf dem Schaukelpferde immer in Bewegung, immer in Arbeit, und nimmer vom Fleck. Das ist das wahrste Bild eines Liebhabers.

Johann Wolfgang Goethe

Je mehr man ist, je reicher ist alles, was man erlebt. Und wer in seinem Leben eine tiefe Liebe haben will, der muss sparen und sammeln dafür und Honig zusammentragen.

Rainer Maria Rilke

Zweierlei Arten von Liebe gibt es. Die eine bemächtigt sich irgend eines einzelnen Wesens, das in die Lücke des Herzens ganz oder teilweise hineinpasst, umspinnt und umschlingt es und lässt es nicht wieder los. Dies Lieben ist eigentlich ein Selbstheilen. Die andere wagt sich in den Kampf mit der ganzen Welt.

Friedrich Hebbel

Lieben ist schwer. Und wenn einer dich lieben heißt, so gibt er dir eine große Aufgabe; aber keine unmögliche. Denn er heißt dich nicht, einen Menschen lieben, was nichts für Anfänger ist, und er verlangt nicht von dir, dass du einen Gott lieben sollst, was nur die Reifsten können. Er weist dich nur auf dein Schweres hin, welches dein Dürftigstes ist und dein Fruchtbarstes zugleich.

Rainer Maria Rilke

Wer keinen Menschen liebt, wird, wie mir scheint, auch von keinem (wieder)geliebt.

Demokrit

Hekaton sagt: »Ich will dir einen Liebestrank zeigen ohne Drogen, ohne Wunderkraut, ohne irgendeiner Giftmischerin Zauberspruch. Wenn du geliebt werden willst, liebe.«

Seneca

Keiner verdient eine größere Liebe, als er zu wecken versteht

Elazar Benyoëtz

Rechte Liebe weiß sich immer ein Ziel. Kann sie nicht bei dem Geliebten sein, so baut sie am Weg.

Michael Bauer

Es gibt Menschen, die vielerlei lieben und ihre Liebe teilen – sie werden von vielen Dingen sanft gezogen: andere haben nur eines und müssen das Gefühl dafür steigern, dass sie die übrigen tausend linden Seidenfäden des Wohles entbehren lernen, womit das Herz der erstern täglich süß umhüllet und abgezogen wird.

Adalbert Stifter

Zu lieben ist gut: denn Liebe ist schwer. Liebhaben von Mensch zu Mensch: das ist vielleicht das Schwerste, was uns aufgegeben ist, das Äußerste, die letzte Probe und Prüfung, die Arbeit, für die alle andere Arbeit nur Vorbereitung ist. Darum können junge Menschen, die Anfänger in allem sind, die Liebe noch nicht: sie müssen sie lernen. Mit dem ganzen Wesen, mit allen Kräften, versammelt um ihr einsames, banges, aufwärts schlagendes Herz, müssen sie lieben lernen. Lernzeit aber ist immer eine lange, abgeschlossene Zeit, und so ist Lieben für lange hinaus und weit ins Leben hinein –: Einsamkeit, gesteigertes und vertieftes Alleinsein für den, der liebt. Lieben ist zunächst nichts, was aufgehen, hingeben und sich mit einem Zweiten vereinen heißt (denn was wäre eine Vereinigung von Ungeklärtem und Unfertigem, noch Ungeordnetem –?), es ist ein erhabener Anlass für den Einzelnen, zu reifen, in sich etwas zu werden, Welt zu werden, Welt zu werden für sich um eines anderen willen, es ist ein großer, unbescheidener Anspruch an ihn, etwas, was ihn auserwählt und zu Weitem beruft.

Rainer Maria Rilke

Unser Glück in der Ehe, in der Liebe, in der Freundschaft, in allen nur erdenklichen Liebesbeziehungen und menschlichen Bindungen kann nicht das Werk, die Angelegenheit, die Wohltat, das Wunderwerk nur einer Seite sein. Man darf nicht damit rechnen, dass irgendein Mensch auf dieser Welt, trotz bestem Willen, uns völlig und in allen Dingen zufriedenstellen kann, wenn wir ihm nicht dabei helfen mit all unserem Wollen und Tun. Es braucht zwei, um das Glück zu schmieden, so wie zwei nötig sind, um ein Kind zu zeugen.

George Sand

Welten bauen genügt nicht dem tiefer langenden Sinne,
Aber ein liebendes Herz sättigt den strebenden Geist.

Novalis (d. i. Friedrich von Hardenberg)

Aufmerksamkeit und Liebe bedingen einander wechselseitig.

Hugo von Hofmannsthal

Zur Liebe gehört alle Blöße, die man sich nur geben kann

Elazar Benyoëtz

Die meisten Menschen brauchen mehr Liebe, als sie verdienen.

Marie von Ebner-Eschenbach

Weisheiten

Eine Weisheit flieht die Liebe
wie das Tier das Feuer flieht;
sie fürchtet, zerfleischt zu werden.
Sie hat Angst, verzehrt zu werden.

Eine Weisheit sucht die Liebe,
und da das intelligente Wesen
in die Flamme bläst, statt sie zu fliehen,
macht es sie zur eigenen Kraft und schmelzt
das Eisen.

Also verleiht ihr die Liebe ihre Kräfte.

Paul Valéry

Wer nicht träge werden will, soll lieben! *Ovid*

O, wie liebt der Mensch, wenn sich zwischen ihn und das Geliebte die Unmöglichkeit stellt! Darum auch das Vergangene. *Friedrich Hebbel*

Einen Menschen kennt einzig nur der, welcher ohne Hoffnung ihn liebt. *Walter Benjamin*

Liebe ist stärker als Selbstliebe: man kann auch eine Frau lieben, die einen verachtet. *Vauvenargues*

Was man ganz und aus vollstem Herzen lieben soll, das muss man irgendwann einmal auch inbrünstig gehasst oder doch einmal heiß und fast hoffnungslos umworben haben.

Egon Friedell

Jeder Mensch, der liebt, muss für den, den er lieb hat, ein *Tonikum* sein!
Sonst beginnt die organische Tragödie – –.

Peter Altenberg

Liebe: Liebes tun; untätige Liebe gibt es nicht

Peter Handke

Verve ist immer die Hauptsache, wiewohl mich das Leben und die Ehe gelehrt haben, dass sie fast immer deplatziert ist.

Theodor Fontane

Liebe auf den ersten Blick ist ein harmloser Herzinfarkt.

Žarko Petan

Ausschließlichkeit

Denn so ist die Liebe beschaffen, dass sie allein Rechte zu haben glaubt und alle anderen Rechte vor ihr verschwinden.

Johann Wolfgang Goethe

Die Liebe will nicht, dass man sich anders als durch sie allein gebunden fühlt [...].

Michel de Montaigne

Die Liebe ist ein Gefühl, das, um ehrlich zu erscheinen, nur aus sich selbst zusammengesetzt sein, nur aus sich leben und bestehen darf.

Chamfort

Jeder geliebte Gegenstand ist der Mittelpunkt eines Paradieses.

Novalis (d. i. Friedrich von Hardenberg)

Man preßt sich an den Menschen, den man liebt, als wäre er der Weltkristall.

Elias Canetti

Kaum verliebt, wähnt man sich von allen gerufen, in allem gemeint

Elazar Benyoëtz

Zur Liebe gehört wohl auch, daß das andere, der andere, die andere jedes Merkmal verliert und nur noch das Geliebte ist

Peter Handke

Liebe schließt noch das Ausgeschlossene ein

Elazar Benyoëtz

Es ist ein Merkmal der Liebe, dass alle Freuden und Leiden, die irgendwelche andere Leidenschaft und irgendwelches andere menschliche Begehren verursachen, uns mit einem Male nicht mehr berühren.

Stendhal

Die Liebe hat nicht nur Rechte, sie hat auch immer recht.

Marie von Ebner-Eschenbach

In der Liebe ist alles wahr, alles falsch. Sie ist das einzige Ding, über das man nichts Absurdes sagen kann.

Chamfort

Für den Liebenden ist man nur noch wichtig, nicht mehr interessant

Elazar Benyoëtz

»Ich weiß alles über dich!« – Eine der schlimmsten Schmähungen

Peter Handke

Wer die Liebe hat, ist reich und weiß es nicht. Wer die Liebe nicht hat, hat nichts, er ist arm und weiß es nicht. Die Liebe und die Barmherzigkeit sind die höchste Glückseligkeit.

Joseph von Copertino

Amor

Lieben: innerlich – also *vollständig* – über jemanden zu verfügen, um ein imaginäres Bedürfnis zu befriedigen – mithin, um ein *verallgemeinertes* Bedürfnis zu wecken.
Das ganze Lebewesen zeigt nach und nach Interesse an der Vorstellung, die das ganze Lebewesen seiner Ungenügsamkeit wegen zu Hilfe ruft.
Lieben – beunruhigt sein über die Idee einer Möglichkeit; und dieses Mögliche verwandelt sich in Bedürfnis, vordringliche Gier, Obsession.

Paul Valéry

Lieben und Verstehen sind zwei Formen *einer* Sache. Das Verstehen ist das wahre Lieben und nur die Liebe versteht innig. Diese Einheit muss man verstehen und lieben lernen.

Ernst von Feuchtersleben

Die Liebe zweier Liebenden ist fast nie die gleiche. Die Liebe der Leidenschaft hat ihren Kreislauf; abwechselnd liebt der eine mehr als der andere.

Stendhal

Die Liebe zu Einem ist eine Barbarei: denn sie wird auf Unkosten aller Übrigen ausgeübt. Auch die Liebe zu Gott.

Friedrich Nietzsche

Räsoniert nicht über die Liebe, Emanzipation, habt Leidenschaft und Schönheitsweh, und alles Seiende ist erhaben, hoch und rührend. Götter haben keine Advokaten nötig.

Peter Hille

Liebe verträgt alles und verträgt sich mit allem, außer mit dem eigenen Stolz

Elazar Benyoëtz

Liebe entsteht auf einen Blick; und ein Blick genügt, ewigen Haß hervorzubringen.

Paul Valéry

Du allein

Dein Blick tat sich mir auf, ein stilles tiefes Meer, und ich habe all mein Glück darein versenket.

Nikolaus Lenau

Lieben heißt, in dem andern sich selbst erobern.

Friedrich Hebbel

Geliebtsein heißt aufbrennen. Lieben ist: Leuchten mit unerschöpflichem Öle. Geliebtwerden ist vergehen, Lieben ist dauern.

Rainer Maria Rilke

Liebe: zwei im Fliegen zu neuem Leben Geeinte.

Peter Hille

Ich trank die Liebe, Becher über Becher: der Trank versiegte nie, noch ward ich satt.

'Ainul Qudat Hamadani

Die Liebe wohnt nur in der Seele, nicht im Körper, und wie der Wein sollte sie unser besseres Selbst dazu anregen, die Geschenke der göttlichen Liebe willkommen zu heißen.

Khalil Gibran

Wie den Menschen die Gabe verliehen ist, alles, was ihnen die Natur gewährt, zur Vollkommenheit zu entwickeln, so haben sie die Liebe vollkommen gemacht [...]. Alle anderen Gefühle sind dann in dem der Liebe vereint, wie die Metalle sich mit Gold verschmelzen.

Voltaire

Es gibt eine Art Liebe, die sich sowohl von der Leidenschaft als auch vom Vergnügen unterscheidet, sie aber verbindet und aus der Energie der einen und der Freiheit des anderen mit viel Geist, Zärtlichkeit und Takt eine Art Werk, ja Meisterwerk erschaffen kann ... zwischen zwei Spiegeln.

Paul Valéry

Soweit unsere Augen reichen, ist Liebe das einzige schöpferische Prinzip, das wir kennen.

Gertrud von Le Fort

Ich würde die Liebe allmächtig nennen, könnte sie sich selbst bezwingen.

Ludwig Börne

Und doch, welch Glück, geliebt zu werden!
Und lieben, Götter, welch ein Glück!

Johann Wolfgang Goethe

Durch Liebe ward das Bittre süß und hold,
durch Liebe ward das Kupfer reines Gold,
durch Liebe ward die Hefe rein und klar,
die Liebe bot der Krankheit Heilung dar,
durch Liebe wird belebet, wer entschlafen,
durch Liebe werden Könige zu Sklaven …
Die Liebe macht das tote Brot zur Seele,
macht ewig die vergängliche, die Seele!

Rumi

Wäre die Liebe nicht, die Erde hätte des Himmels
längst vergessen.
Wäre die Liebe nicht, der Himmel hätte die Erde
längst gemieden.
Wäre die Liebe nicht, alles Verlorene bliebe für immer
verloren.

Michael Bauer

Die Liebe im Menschen spricht das rechte Wort aus. Das rechte Wort entzündet im Menschen die Liebe.

Ferdinand Ebner

Liebe ist ein Wort des Lichtes, geschrieben von einer Hand des Lichtes, auf einer Seite des Lichtes.

Khalil Gibran

Wenn immer du gedreht wirst wie der Kompass,
musst du dich hin zum Geliebten wenden!

Dard

Ich hab dich geliebet und liebe dich noch!
Und fiele die Welt zusammen,
Aus ihren Trümmern stiegen doch
Hervor meiner Liebe Flammen.

Heinrich Heine

Immer übertrifft die Liebende den Geliebten, weil das Leben größer ist als das Schicksal. Ihre Hingabe will unermesslich sein: dies ist ihr Glück. Das namenlose Leid ihrer Liebe aber ist immer dieses gewesen: dass von ihr verlangt wird, diese Hingabe zu beschränken.

Rainer Maria Rilke

… und wenn ich dich lieb habe, was geht's dich an?

Johann Wolfgang Goethe

»Wenn ich dich liebe, was geht's dich an?« Wer das so recht beherzigte und besäße! Der hätte ein Paradies, wo andere von Höllenflammen selbstischer Sehnsucht verzehrt werden. Alles Schöne und Herrliche gehört sein eigen, ob es um ihn wisse oder nicht, und es gibt für den Menschen kein Eigentum als das, was er liebt.

Ernst von Feuchtersleben

Du liebst mich nicht, du liebst mich nicht,
Das kümmert mich gar wenig;
Schau ich dir nur ins Angesicht,
So bin ich froh wie'n König.

Heinrich Heine

Ich liebe dir, ich liebe dich!
Wie's richtig is, ich weeß es nich
Un's is mich ooch Pomade.

Johann Ferdinand Rüthling

Das Unbegreifliche geben wir als Liebeserklärung weiter

Elazar Benyoëtz

Wo du zugleich begehrst und fürchtest, sagst du »ich liebe«. Es mag beschämend sein, aber es ist so.

Rudolf Alexander Schröder

Die reinste Freude, die man an einer geliebten Person finden kann, ist die, zu sehen, dass sie andere erfreut.

Johann Wolfgang Goethe

Liebe ist, wenn sie dir keine schmutzigen Münzen als Wechselgeld herausgibt.

Ulrich Erckenbrecht

Wie das Echo immer vielsilbiger wird, je weiter unser Ruf absteht, so muss die Seele, aus der wir ein schöneres begehren, nicht zu nahe an unsrer sein; und daher nimmt mit der Ferne der Leiber die Nähe der Seelen zu.

Jean Paul

Liebe wächst nach und nach und auch im nachhinein

Elazar Benyoëtz

Der schönste Tag im Leben

In Böotien bekränzt man die Braut, nachdem man sie verhüllt, mit einem Kranz von Spargeln, weil diese Pflanze aus der rauhesten Stachel die süßeste Frucht hervor bringt und die Braut, dem, der nicht mit Unwillen ihr anfänglich unfreundliches und widerwärtiges Wesen aufnimmt, ein angenehmes und süßes Zusammenleben verschaffen.

Plutarch

Wie nach der Behauptung der Naturforscher das Feuchte sich durch und durch vermischt, so soll auch bei denen, die sich verheiraten, Leib, Güter, Freunde und Anverwandte durch einander gemischt sein.

Plutarch

Heiraten heißt nichts anders, als auf festem Vertrauen auf die Unfehlbarkeit seines Erkennens die Zusage tun, während seines ganzen Lebens werde man das für Glück halten, was man in diesem Augenblicke für Glück hält. Fürwahr, ein kühnes Vertrauen! das um so unbegreiflicher wird, jemehr auch die kürzeste Erfahrung lehrt, wie schnell man seine Vorstellungen von Glück ändert.

Karl August Varnhagen von Ense

Jeder, wer heuratet, ist wie der Doge, der sich mit Adriatische Meer vermählt – er weiß nicht, was drin, was er heuratet: Schätze, Perlen, Ungetüme, unbekannte Stürme –

Heinrich Heine

Eine weise und gute Wahl bei Knüpfung des wichtigsten Bandes im menschlichen Leben, die ist freilich das sicherste Mittel, um in der Folge sich Freude und Glück in dem Umgange unter Eheleuten versprechen zu können. Wenn hingegen Menschen, die nicht gegenseitig dazu beitragen, sich das Leben süß und leicht zu machen, sondern die vielmehr widersprechende, sich durchkreuzende Neigungen und Wünsche und verschiedenes Interesse hegen, unglücklicherweise sich nun auf ewig aneinandergekettet sehen; so ist das in der Tat eine höchst traurige Lage, eine Existenz voll immerwährender herber Aufopferung, ein Stand der schwersten Sklaverei, ein Seufzen unter den eisernen Fesseln der Notwendigkeit, ohne Hoffnung einer andern Erlösung, als wenn der dürre Knochenmann mit seiner Sense dem Unwesen ein Ende macht. [...] Wähle also mit Vorsicht die Gefährtin deines Lebens, wenn deine künftige häusliche Glückseligkeit nicht ein Spiel des Zufalls sein soll.

Adolph Knigge

Wörter verändern langsam ihre Bedeutung. »Warum soll ich ihn denn nicht heiraten? Man ist doch nicht gleich verheiratet.«

Kurt Tucholsky

Wenn ein Mann heiraten will, muss er seine Wahl auf eines von vier Dingen stützen: Der eine wählt eine reiche Frau und folgt seiner gierigen Seele, der zweite wünscht eine Schönheit, seinem fleischlichen Auge folgend. Der dritte sucht eine von edler Abkunft, seinem Stolz und seinem Wunsch nach hoher Stellung folgend. Der vierte wünscht eine Frau, die gottesfürchtig und fromm ist, und sobald er eine solche findet, heiratet er sie.
Höre nun zu, und ich will dir sagen, welches die Beste ist: Wenn du eine Frau ihres Reichtums wegen wählst, wirst du ihr Gefangener, denn wenn sie ihr Herz auf etwas richtet, wird sie ihre Zunge lang machen und dir keine Ruhe geben, bis du es für sie kaufst. Wenn du eine Frau um ihrer Schönheit willen wählst, so mache dich nicht lächerlich, denn jedermann hat gern eine schöne Frau, aber nur Gott kann der Wächter einer Schönen sein. Wenn du eine Frau wegen ihrer Vornehmheit und Stellung wählst – mach dich nicht billig, indem du mit den Hochgeborenen zusammenkommst, denn deren Zungen sind sehr lang, und du wirst der Sklave einer Frau sein. Aber du, der du eine Frau ihrer Frömmigkeit wegen wählst – wenn du die gefunden hast, dann hast du alle vier zusammen …
Wenn dein Wunsch Reichtum ist, wird sie dein Geld zusammenhalten, dich reich machen und deine Wange röten (d. h. dich geehrt machen). Solange sie einen aufrechten Charakter hat, wird ihre Schönheit durchscheinen, denn der Weise weiß, dass die wahre Schönheit einer Frau in ihrem Charakter liegt. Und wenn sie fromm und keusch ist, dann ist sie hochgeboren. Alle drei Dinge sind so in einem Punkt zusammen.

Kutadgu Billig

Warum weinen Bräute am Altar? – Sie werden dunkel ergriffen von der Ehrfurcht, die der Mensch fühlt vor der Tat.

Nikolaus Lenau

Braut – nichts kann schöner klingen, nichts natürlicher.
Bräutigam – wie komisch das holpert, wie steif!

Peter Hille

Dafür is ja eben 's Heiraten erfunden, dass's nix mehr nutzt, wenn's einem reut.

Johann Nestroy

Manche Trauung ist nur – das Gebet vor der Schlacht.

Phia Rilke

Wer um des Geldes willen heiratet, weiß wenigstens ganz genau, warum er geheiratet hat.

Gabriel Laub

Heuraten ist die durch das Gesetz überall verordnete Methode Kinder zu zeugen.

Wilhelm Heinse

Hochzeit machen dauert eine Stunde; den Ärger hat man das ganze Leben.

Jüdisches Sprichwort

Die Ehen werden im Himmel geschlossen, darum erfordert dieser Stand auch meistens eine überirdische Geduld.

Johann Nestroy

Männer heiraten aus Bequemlichkeit, Frauen aus Neugierde. Am Ende sind beide enttäuscht.

Oscar Wilde

Eine Vernunftehe schließen, heißt in den meisten Fällen, alle seine Vernunft zusammennehmen, um die wahnsinnigste Handlung zu begehen, die ein Mensch begehen kann.

Marie von Ebner-Eschenbach

Einer der besten Gründe, sich niemals zu verheiraten: man ist nicht ganz der Narr der Frau, solange sie nicht die unsre ist.

Chamfort

Im Anfange besonders müssen Neuvermählte sich vor Uneinigkeit und Verdruss hüten, und bedenken, dass auch Gefäße, die [aus verschiedenen Teilen] zusammengefügt sind, im Anfang durch jede Veranlassung leicht auseinander gerissen werden, mit der Zeit aber, wenn die Fugen Festigkeit gewonnen haben, kaum durch Feuer und Eisen von einander getrennt werden.
Wie das Feuer sich leicht in Spreu, Dochten und Haasenhaaren entzündet, schnell aber wieder verlöscht, wenn es nicht Etwas fasst, was ihm Stärke und Nahrung verschaffen kann, so darf man auch die schnelle

Liebe der Neuvermählten, welche durch körperliche Schönheit entzündet wird, nicht für dauerhaft und fest halten, wenn sie nicht im Innern der Seele sich festgesetzt, und indem sie den Verstand ergriffen, eine geistige Haltung bekommen hat.

Plutarch

Heut' ist mein Hochzeitstag. Wenn ich nur wem wusst', der mir mein' Traum ausleget; mir hat die ganze Nacht von Hirschen traumt. Ich möcht' wissen, ob das wohl einen glücklichen Eh'stand bedeu't.

Johann Nestroy

Gemeinsamkeit

Die Liebe
Welch lieblicher Dunst;
Doch in der Ehe
Da steckt die Kunst.

Theodor Storm

Der zufällige Zweck der Ehe ist die Befriedigung der Liebesgefühle der Menschheit. *George Bernard Shaw*

Ehe: nur wer Zartes, Feines für Zartes, Feines (gibt) und wieder erhält, heiratet wirklich – es ist das exquisite Nehmen und Geben ... *Peter Hille*

Die Liebe ist ein Traum, die Ehe ein Geschäft.

Johann Nestroy

Die Ehe gibt dem einzelnen Begrenzung und dadurch dem Ganzen Sicherheit. *Friedrich Hebbel*

Wenn der Mann mit dem Weibe plötzlich zusammenschmelzen könnte in einen dritten Körper, dann würde die Erde vielleicht im selben Augenblicke vor jähem Erschrecken untergehen. *Christian Morgenstern*

[...] in solchen Häusern, wo man viel Geld und viel Temperament hat und sich liebt und hasst und gelegentlich sich zankt und scheiden lassen will, – ist es immer am nettesten [...].

Theodor Fontane

Wichtig ist die Sorgfalt, welche Eheleute anwenden müssen, wenn sie sich so täglich sehen und sehn müssen und also Muße und Gelegenheit genug haben, einer mit des andern Fehlern und Launen bekannt zu werden und, selbst durch die kleinsten derselben, manche Ungemächlichkeit zu leiden; wichtig ist es, Mittel zu erfinden, sich dann nicht gegenseitig lästig, langweilig, nicht kalt, gleichgültig gegeneinander zu werden oder gar Ekel und Abneigung zu empfinden. Hier ist also weise Vorsicht im Umgange nötig. Verstellung fällt in allem Betrachte weg; aber einer gewissen Achtsamkeit auf sich selbst und der möglichsten Entfernung alles dessen, was sicher widrige Eindrücke machen muss, soll man sich befleißigen. Man setze daher nie gegeneinander jene Höflichkeit aus den Augen, die sehr wohl mit Vertraulichkeit bestehn mag und die den Mann von feiner Erziehung bezeichnet. Ohne sich fremd zu werden, sorge man doch dafür, dass man durch oft wiederholte Gespräche über dieselben Gegenstände nicht langweilig sei, dass man sich nicht so auswendig lerne, dass jedes Gespräch der Eheleute unter vier Augen lästig scheint und man sich nach fremder Unterhaltung sehnt.

Adolph Knigge

Zwei feinschmeckende Ehegatten haben wenigstens einmal im Tage eine angenehme Gelegenheit zur Vereinigung; denn selbst diejenigen, welche in gesonderten Betten schlafen (und es gibt deren Viele), essen wenigstens an demselben Tische; sie haben einen Gegenstand der Unterhaltung, der stets wiederkehrt; sie sprechen nicht nur von dem, was sie essen, sondern auch von dem, was sie gegessen haben oder noch essen werden, sie unterhalten sich von dem, was sie bei Anderen gesehen haben, von den Modeschüsseln, den neuen Erfindungen usw., und alle diese innigen Gespräche haben einen außerordentlichen Reiz.

Jean-Anthelme Brillat-Savarin

Das gemeinschaftliche Essen ist eine sinnbildliche Handlung der Vereinigung. Alle Vereinigungen außer der Ehe sind bestimmt gerichtete, durch ein Objekt bestimmte, und gegenseitig dasselbe bestimmende Handlungen. Die Ehe hingegen ist eine unabhängige Totalvereinigung. Alles Genießen, Zueignen und Assimilieren ist Essen, oder Essen ist vielmehr nichts, als eine Zueignung. Alles geistige Genießen kann daher durch Essen ausgedrückt werden.

Novalis (d. i. Friedrich von Hardenberg)

Ein gemeinsames Essen kann, könnte Balsam sein für ausgedörrte Eheseelen. Man setzt sich in einen fremden Raum, schaut sich um, hört Geklimper, Geklirre, Gerede, sieht glänzende Augen und nervöse Finger, die das trockene Brot verkrümeln, sieht Blicke, die so ineinander tauchten, daß man nicht mehr weiß, welcher

Blick zu wem gehört, und ob ein Blick tatsächlich den anderen sieht oder nur noch sich selbst. Man läßt sich hineinfallen in die leicht erregte Stimmung eines guten Lokals, weil es vibriert in der Luft vor Essenslust und auch anderen Gelüsten, weil die Lust angefüllt ist mit erotischen Erwartungen und erotischen Versprechungen. (Auch ein gutes Geschäft kann erotisierend wirken auf den Geschäftsmann.)
Man könnte zufrieden über seinen Tellern sitzen und einander zulächeln. Einfach so.

Gabriele von Arnim

In den höheren Formen des Verkehrs, auch in der Ehe, dürfte nichts als ein Festes, nicht einmal als ein Gegebenes hingenommen werden, sondern alles ist das Geschenk jedes einzelnen, eine Welt umspannenden Augenblickes.

Hugo von Hofmannsthal

Darum soll sich eine Frau nicht auf ihr Mitgift, ihre Abkunft oder ihre Schönheit verlassen, sondern auf das, wodurch sie den Mann fesseln kann, nämlich ein im Umgange freundliches und gefälliges Benehmen, welches nicht Tag für Tag Verdruss erregt und abstoßet, sondern alles wohl zu ordnen, heiter und angenehm zu machen weiß.

Plutarch

Wenn eine Verbindung zwischen Mann und Frau wirklich interessant sein soll, muss sie Genuss, Erinnerung oder Sehnsucht miteinander verbinden.

Chamfort

Wenn es aus Liebe und in richtiger Weise geschieht, so haben kluge Frauen die *Pflicht*, die Eitelkeiten ihrer Männer zu verletzen. Dadurch, dass sie dem Hündchen immer mehr Zucker geben, wird es nur belliger, reizbarer und unerträglicher.

Theodor Fontane

Wenn ein Mann nachgibt, wenn er unrecht hat, ist er höflich, gibt er nach, wenn er recht hat, ist er verheiratet.

Karl Farkas

Daß so wenige Ehen glücklich sind, liegt daran, daß die jungen Damen ihre Zeit damit verbringen, Netze zu knüpfen anstatt Käfige zu bauen.

Jonathan Swift

Es ist schlimm, wenn zwei Eheleute einander langweilen; viel schlimmer jedoch ist es, wenn nur einer von ihnen den andern langweilt.

Marie von Ebner-Eschenbach

Manche Ehe ist ein Zellengefängnis zu Zweien.

Peter Hille

Ganz aufgehen in der Familie heißt ganz untergehen.

Marie von Ebner-Eschenbach

Eine von den Hauptkonvenienzen der Ehe ist die, einen Besuch, den man nicht ausstehen kann, zu seiner Frau zu weisen.

Georg Christoph Lichtenberg

Vom Glück

Das Unglück sieht man meist paarweise gehen.
(Das sind dann die allerglücklichsten Ehen.)

Stanisław Jerzy Lec

Eine gute Ehe, wenn überhaupt eine solche existiert, will nicht zugleich Liebe sein und sich so geben: sie möchte eine Art Freundschaft verkörpern. Es ist eine süße Lebensgemeinschaft, reich an Beständigkeit, Vertrauen, an nützlichen, realen Liebesdiensten und an gegenseitigen Verpflichtungen.

Michel de Montaigne

Die Ehe als langes Gespräch. – Man soll sich beim Eingehen einer Ehe die Frage vorlegen: glaubst du, dich mit dieser Frau bis ins Alter hinein gut zu unterhalten? Alles andere in der Ehe ist transitorisch, aber die meiste Zeit des Verkehrs gehört dem Gespräche an.

Friedrich Nietzsche

Das große Ziel Ihres Lebens aber wird es sein, die Freundschaft und Achtung Ihres Gatten zu gewinnen und zu erhalten. Sie sind mit einem wohlerzogenen und gebildeten Mann verheiratet, der über einen ausgezeichneten Verstand und einen sicheren Geschmack verfügt. Es stimmt zwar und ist ein Glück für Sie, daß bei ihm diese guten Eigenschaften noch durch große Bescheidenheit, eine äußerst liebenswürdige Natur und eine ungewöhnliche Veranlagung zu Besonnenheit und Tugend geziert werden. Aber weder aus Gutherzigkeit noch aus Anständigkeit wird er Sie gegen seine Überzeugung achten können, und wenn er auch nicht fähig ist, Sie schlecht zu behandeln, so werden Sie doch mit der Zeit zu einem uninteressanten und vielleicht sogar verächtlichen Ding werden, wenn Sie nicht den Verlust von Jugend und Schönheit durch dauerhaftere Eigenschaften ersetzen können. Sie haben nur sehr wenige Jahre, um in den Augen der Welt als jung und hübsch zu gelten, und ebenso wenige Monate in den Augen eines Gatten, wenn er kein Narr ist; denn ich hoffe, Sie träumen nicht immer noch von Liebreiz und Verzückung, denen die Heirat seit jeher ein plötzliches Ende machte und immer machen wird. Außerdem war Ihre Heirat ja eine Vereinigung aus Klugheit und ganz normaler Neigung, ohne jeden Einschlag jener lächerlichen Leidenschaft, die nur in Theatertexten und Romanen vorkommt.

Jonathan Swift

Es ist ein Unsinn zu glauben, man könne glücklich werden, wenn man vierhändig eine Sonate spielen kann. Die Ehe ist auf andern Sachen aufgebaut.

Theodor Fontane

Wenn man auch früher verliebt war, das schadet nichts;
Wenn man nur später gemütlich wird.

Wilhelm Busch

Austausch der Gewohnheiten: ich schenke dir diese, du mir jene; daraus soll dann eine Ehe werden.

Elias Canetti

Die Freundschaft zwischen Mann und Frau ist nach allgemeiner Annahme eine Naturgegebenheit. Denn der Mensch ist von Natur ein Wesen, das eher auf die Gemeinsamkeit zu zweien als auf die (umfassende) der Polis eingestellt ist, und zwar um so mehr als die Hausgemeinschaft ursprünglicher als die Polis ist und mehr den Charakter der Notwendigkeit hat und der Trieb nach Fortpflanzung dem Lebewesen in umfassenderer Weise eingepflanzt ist. Während nun bei den Tieren die Gemeinschaft nur so weit (nämlich bis zur Paarung) reicht, schließen die Menschen nicht nur wegen der Fortpflanzung eine Hausgemeinschaft, sondern auch wegen der Bedürfnisse des täglichen Lebens. Denn von vornherein sind die Aufgaben geteilt: die Arbeit des Mannes ist eine andere als die der Frau. Und so helfen sie sich gegenseitig, indem jedes das Seine zum Ganzen beisteuert. Daher ist bekanntlich auch Nutzen und Lust in dieser Freundschaft zu finden. Sie kann aber auch sittliche Vortrefflichkeit als Fundament haben, wenn beide Partner gut sind. Denn jedes hat seinen Wesensvorzug, und an solchem Verhältnis mögen sie dann ihre Freude haben. Kinder sind, wie die Erfahrung zeigt, ein festes Band. Daher tritt bei Kinderlosen rascher die Entfremdung ein. Kinder sind ja ein gemeinsames Gut für die Eltern: das Gemeinsame aber verbindet. Die Frage aber, wie die Form des Zusammenlebens zwischen Mann und Frau, allgemein gesagt, zwischen Freund und Freund sein soll, ist nichts anderes als die Frage nach der Verwirklichung der Gerechtigkeit.

Aristoteles

Das Leben, Gott sei Dank, ist kein Tummelplatz großer Gefühle, sondern eine Alltagswohnstube, drin das sogenannte Glück davon abhängt, ob man friert oder warm sitzt, ob der Ofen raucht oder guten Zug hat. Liebe ist gut, aber sie lässt sich nach Minuten berechnen, alles andre hat lange Stunden.

Theodor Fontane

Muth. Die Ursache, warum 1 Mensch neben einem andern so viel mehr Muth hat als allein, liegt tiefer. Das *Allein*sein ist uns der fürchterlichste Gedanke der Schöpfung; und eine Furcht, die nie recht aus uns will.

Jean Paul

Treue ist etwas Edel-Schönes und kann nur aus wahrer Schönheit des Umgangs, Gefälligkeit, Liebenswürdigkeit bestehen.

Peter Hille

Eben weil Treue die schönste Eigenschaft eines liebenden Herzens, ein echtes Wunder, ist, kann sie nie zur Pflicht gemacht werden, und eben weil sie nicht Pflicht ist, ist sie da, wo sie in ihrer Herrlichkeit erscheint, so verehrungswürdig.

Ernst von Feuchtersleben

So könnte man auch sagen, die Ehe derjenigen, die sich lieben, sei vereint und zusammengewachsen, bei denen aber, die um der Mitgift oder der Kinder wegen heiraten, bestehe sie aus an einander gefügten Teilen, und bei denen, welche nur beisammen schlafen, aus getrennten Teilen; da man annehmen kann, dass sie einander beiwohnen, aber nicht mit einander zusammenleben.

Plutarch

Diese [Freundschaft] ist zugleich das wichtigste Stück einer auf Dauer und Gewohnheit angelegten Liebe; so gehen die meisten Ehen nicht aus mangelnder Liebe, sondern aus mangelnder Freundschaft zugrunde.

Ernst Bloch

Nichts entfernt zwei innerlich wenig verwandte Menschen mehr voneinander, als das Zusammenleben.

Marie von Ebner-Eschenbach

Freunde, Liebende und Eheleute sollen alles gemein haben, nur nicht die – Stube; die groben Forderungen und kleinlichen Zufälle der körperlichen Gegenwart sammeln sich als Lampenrauch um die reine weiße Flamme der Liebe.

Jean Paul

Sich oft sehen und plaudern und gegenseitig besuchen, ist eine Freude; *zusammen leben* ist immer eine Gefahr.

Theodor Fontane

Je kräftiger und geistreicher und größer zwei Menschen sind, desto weniger vertragen sie sich unter *einem* Deckenstück, wie große Insekten, die von *Früchten* leben, ungesellig sind (z. B. in jeder Haselnuss sitzt nur *ein* Käfer), indes die kleinen, die nur von *Blättern* zehren, z. B. die Blattläuse, nesterweise beisammenkleben.

Jean Paul

Gewisse Ehen halten nur in der Weise zusammen wie ineinander verbissene Tiere.

Gerhart Hauptmann

Der Ehestand hat viele Kinder: Reue, Zwietracht, Armut, Eifersucht, Krankheit, Trübsal, Ekel usw.

Jonathan Swift

Manche Ehen sind ein Zustand, in dem zwei Leute es weder mit noch ohne einander durch längere Zeit aushalten können.

Marie von Ebner-Eschenbach

Es gibt zwei Arten von Beständigkeit in der Liebe: die eine, weil man an der geliebten Person immer neue Gründe findet, sie zu lieben, die andere, weil man sich eine Ehre daraus macht, beständig zu sein.

La Rochefoucauld

Herzensangelegenheit

Ach! Zwei liebende Herzen, sie sind wie zwei Magnetuhren: was in der einen sich regt, muss auch die andere mitbewegen, denn es ist nur *eins*, was in beiden wirkt, *eine* Kraft, die sie durchgeht. *Johann Wolfgang Goethe*

Wenn es eine reine Liebe, frei von jeder Beimischung anderer Leidenschaften, gibt, so ist sie verborgen im Grund unseres Herzens, und wir selbst kennen sie nicht. *La Rochefoucauld*

DIE TIEFE LIEBE kann des andern Wesen gar nicht hell genug erkennen. Denn das ist der Liebe Lust, den andern anzuschauen bis ins Herz. Die geheimsten Wünsche des andern sucht die Liebe zu ergründen, um sie zu erfüllen; also auch darum will die Liebe Einblick haben. – Wer darum die Natur recht liebt, kann gar nicht tief genug in sie blicken um seiner schauenden und tätigen Liebe willen. *Michael Bauer*

Es gibt eine Höflichkeit des Herzens; sie ist der Liebe verwandt. Aus ihr entspringt die bequemste Höflichkeit des äußern Betragens. Freiwillige Abhängigkeit ist der schönste Zustand, und wie wäre der möglich ohne Liebe. *Johann Wolfgang Goethe*

Die Sprache des Herzens kennt keine Etikette …

Voltaire

Ohr und Geist können müde werden, dasselbe zu hören, das Herz nie.

Chamfort

Wenn du besitzen willst, darfst du nicht beanspruchen. Wenn die Hand eines Mannes die Hand einer Frau berührt, berühren sie beide das Herz der Ewigkeit.

Khalil Gibran

Der Kuss ist der Vulkan des Herzens.

Friedrich Hebbel

Die schlimmste Mesalliance ist die des Herzens.

Chamfort

Liebe, die von Herzen liebt,
Ist am reichsten, wenn sie gibt;
Liebe, die von Opfern spricht,
Ist schon rechte Liebe nicht.

Emanuel Geibel

Das Frauenhaar und seine Macht

Eine Frau lenkt mit der Schönheit ihres Haars des Mannes Blicke auf sich. Wesen und Gemüt enthüllt sie ihm durch die Art und Weise, wie sie spricht, auch wenn sie dabei hinter einem Schirm verborgen bleibt.

Hat eine Frau erst eines Mannes Herz gewonnen, wie es geschah, weiß sie wohl selber nicht, flieht auch sie der ruhige Schlaf, und verliebt nimmt sie ohne zu bedauern hin, was ihr sonst wohl kaum erträglich schien.
Die Liebe zwischen Mann und Frau hat einen fernen Quell und wurzelt tief. Viel begehrt der Mensch, doch nichts, worauf er nicht verzichten könnte, ausgenommen ist die Liebe, und darin sind sich alle gleich, ob alt, ob jung, ob weise oder dumm.
Darum heißt es auch, selbst ein Elefant ist mit einem Frauenhaar zu fesseln und der Hirsch im Herbst mit einer Flöte, geschnitten aus den Holzsandalen einer Frau, herbeizurufen. So sind wir also gut beraten, wenn wir vor dieser Verlockung Furcht und Vorsicht walten lassen.

Kenkô

In der Liebe erkennen wir meist zu spät, ob ein Herz uns nur geliehen, ob es uns geschenkt oder ob es uns gar geopfert wurde.

Arthur Schnitzler

Viele Frauen leihen sich das Herz eines Mannes; sehr wenige können es in Besitz nehmen.

Khalil Gibran

Die Männer haben immer zu tun und schicken die Seele auswärts, die Weiber müssen den ganzen Tag daheim bei ihrem Herzen bleiben.

Jean Paul

Wer heutzutage sagt: »Ich schenk' dir mein Herz«, läuft Gefahr, daß der andere den Operateur holt.

Werner Schneyder

Herz bedeutet Mut; Herz bedeutet Liebe; Herz bedeutet Hohlmuskel.

Alain

Freund, s'Herz is wie der Magen – wenn man lang nicht geliebt hat, so ist es grad, als wie wenn man lang nix gegessen hat, man ist bald mit was zufrieden.

Johann Nestroy

Psychologie

Ich muss Alles sehn, was Sie schreiben, sagte ein Liebhaber zu seiner Geliebten, erst, wie es aus der Feder kommt! – Warum nicht lieber, entgegnete sie, gleich rot aus meinem Herzen?

Karl August Varnhagen von Ense

Leidenschaft

Nichts in der Welt bringt ein Menschenherz mehr in Verwirrung als die sinnliche Lust.

Kenkô

Liebeskunst

Wo Herz dem Herzen sich weiht,
ist Leib dem Leibe nicht weit.

Stanisław Jerzy Lec

Kein Lebewesen außer dir kennt die Umarmung. Dein ganzer Körper ist bereit zu empfinden. Vor allem deine Lippen genießen mit Wonne ohne Überdruss, und dieses Vergnügen kennt nur das Menschengeschlecht. Und du kannst dich jederzeit der Liebe ergeben, die Tiere haben dafür nur die ihnen zugemessene Zeit.

Voltaire

Liebe. – Die Liebe vergibt dem Geliebten sogar die Begierde.

Friedrich Nietzsche

Ihre weißen Arme wurden mein ganzer Horizont.

Max Jacob

Lass dich ihre Liebe allezeit sättigen und ergötze dich allewege in ihrer Liebe.

Die Sprüche Salomos

Du lachst aus der Nacht seiner Locken hervor, wie der erste Lichtstrahl aus der Nacht der Welt.

Nikolaus Lenau

Er küsse mich mit dem Kusse seines Mundes; denn deine Liebe ist lieblicher als Wein.

Das Hohelied Salomos

Die Perlenschnüre heften sich wie Liebesschwüre dir an den schönen Nacken.

Nikolaus Lenau

Es ist nicht die Frau, sondern das Geschlecht. Es ist nicht das Geschlecht, sondern der Augenblick – die Verrücktheit, ihn, den Augenblick, zu teilen – oder die Verrücktheit, zu erlangen … ja was denn?
Es ist nicht die Lust, sondern die Bewegung, die sie einprägt, die Veränderung, die sie erfordert, aufdrängt; und ist sie erreicht, zerschellt der Mechanismus der Krise auf einer strahlenden und unüberwindlichen Schwelle; und das Lebewesen sinkt zurück, zermalmt, gebrochen, lustgekrönt, verflüssigt, erledigt, beseligt … Die Wollust aber verdeckt seine Niederlage.

Es ist aufgebrochen, um über die Schwelle zu treten … und es ist besiegt, getröstet, von Wollust überschwemmt. Es hat nichts anderes getan, als Lust zu erleben. Hat nichts anderes getan, als zu zeugen.
Was aber war das Ziel seines Seins? Welches Extrem? welche Selbsttötung?
Wer wird das Rätsel dieser Verrücktheit entziffern? Eine solche Raserei war für die Fortpflanzung einer Art nicht notwendig.
Die Liebe hat diese seltsame Eigenschaft – eine … Unterbrechung zum Zweck zu haben.

Paul Valéry

Willst du dir eine Vorstellung von der Liebe bilden, so sieh den Sperlingen im Garten zu, den Tauben, beobachte den Hengst, den man zu deiner Stute führt … Die meisten Tiere, die sich verbinden, genießen sich nur durch einen einzigen Sinn, und wenn der Trieb gestillt ist, ist auch schon alles vorüber.

Voltaire

Die Liebe ist eine Realität

Die Liebe ist eine Realität, wir haben die Werkzeuge in dem heißen ungestüm innigen Drang der Geschlechtlichkeit. Sie erzeugt uns, sie befriedigt uns, macht rein und frisch zu allem Wirken, während sonst manche Stunde in lüstern zerrüttender Träumerei oder geheimen Sünden verlorenginge. Sie sei gepriesen und ihr werde willfahren. Sie ist eine Realität, wir können sie nicht widerlegen, wozu also verleugnen, wozu also schmälern? Erkennen wir sie an. Sie ist die weiche,

ruhsame Seite des Lebens, sie, die Gatten- und Kinderliebe ist der Genuss des Lebens, während aus den schaffenden Kräften des Mannes das Wirken sich zusammensetzt.
Ehelosigkeit und Verkauf, Vermietung des reinen Leibes sind Lügen. Alles, was ist und nicht verworfen werden kann, wessen man sich nicht schämt, ist Realität.

Peter Hille

Zur Tugend, wie man zu sagen pflegt,
Ist eigentlich keiner recht aufgelegt.

Wilhelm Busch

Heimliche Lieb' is immer was Nobles, die Liebe zur Schau tragen, das is etwas Ordinärs, und wenn zwei Liebende, die z' Haus Gelegenheit genug hab'n, sich vor d' Leut hinstellen mit ihre Zärtlichkeiten und G'schichterln und Händedrückerln und Busserln und abgestochene Kalbsaugerln, das is drei Grad unter pintscherlgemein.

Johann Nestroy

Wenn Gott aus dem Nebenzimmer Bettknarren gehört hätte, hätte er den Menschen nicht erschaffen.

Anton Kuh

Liebesakt: Ein geistiges Spiel, bei dem Körper keine unbedeutende Rolle spielen.

Gabriel Laub

Bisweilen vollzieht der Mensch den Liebesakt, einfach um irgend etwas zu tun. Die Rolle der frei verfügbaren Zeit oder der überschüssigen Energie ohne Verwendungszweck ist groß. Der Nichtstuer, der Geld in der Tasche hat. Der Müßiggänger, der auf den Einfall kommt, Steine zu werfen, Äste abzubrechen.

Paul Valéry

Jede schöne Paarung ist ein Lustmord am Reiz der Distanz.

Anton Kuh

Die Sexwelle mußte scheitern, weil alle daran verdienen wollten, statt sich daran zu beteiligen.

Werner Schneyder

Liebe: ein nicht näher definierbares Gefühl, das im Leben unendliche Komplikationen hervorruft. Besonders im Geschlechtsleben.

Gabriel Laub

Man gewöhne sich selbst und einer den andern nicht an Üppigkeit, Wollust, Weichlichkeit und Schwelgerei, mache, dass die körperlichen Bedürfnisse und Begierden nicht zu heftig in uns werden; man sei, selbst in der Ehe, schamhaft, keusch, delikat und kokett in Gunstbezeugungen, um Ekel, Überdruss und faunische Lüsternheit zu entfernen. Ein Kuss ist ein Kuss, und es wird wahrlich fast immer des Weibes Schuld sein, wenn ein sonst nicht schlechter Mann diesen Kuss, den er von treuen, reinen und warmen Lippen ehrenvoll und bequem zu Hause erlangen könnte, mit Hintansetzung von Pflicht und Anstand, bei Fremden holt. Hat aber die größre Schwierigkeit und Seltenheit so viel Reiz für den Menschen; ei nun! so suche man, auch der ehelichen Vertraulichkeit diesen Reiz der Neuheit zu geben, zuweilen kleine Hindernisse in den Weg zu legen, oder durch Enthaltsamkeit, Entfernung u. dgl. das Verlangen darnach zu vermehren! In weiter fortrückenden Jahren fällt dann auch dieser Vorwitz so ziemlich weg, denn da werden ja die Triebe bescheidner und leichter von der Vernunft zu regieren, oder man müsste sie mutwilligerweise reizen.

Adolph Knigge

Liebesleid

… wieviel Muscheln am Strande liegen, soviel Schmerzen gibt es in der Liebe.

Ovid

Im Wörterbuch der Liebe gibt es mehr Seufzer als Worte.

Žarko Petan

Liebe und Zweifel sind niemals nur oberflächlich bekannt gewesen.

Khalil Gibran

Meine Ruh ist hin,
Mein Herz ist schwer;
Ich find sie nimmer
Und nimmermehr.

Johann Wolfgang Goethe

Ja, die Lieb' – die Lieb'; das is die Köchin, die am meisten anrichtet in der Welt.

Johann Nestroy

Eher holst du den Vogel im Flug ein, als Liebe, die flieht.

Arthur Schnitzler

Leid ist auch nur Liebe – warte eine kleine Weile und du wirst es erfahren.

Gertrud von Le Fort

Liebe ist, dass du mir das Messer bist, mit dem ich in mir wühle.

Franz Kafka

Die Leidenschaft ist immer ein Leiden, auch die befriedigte.

Marie von Ebner-Eschenbach

Welch Glück ist's, ein leichtes, ein freies Herz zu haben! Mut treibt uns an Beschwerlichkeit, an Gefahren; aber große Freuden werden nur mit großer Mühe erworben. Und das ist vielleicht das meiste, was ich gegen die Liebe habe; man sagt, sie mache mutig. Nimmermehr! Sobald unser Herz weich ist, ist es schwach. Wenn es so ganz warm an seine Brust schlägt, und die Kehle wie zugeschnürt ist, und man Tränen aus den Augen zu drücken sucht, und in einer unbegreiflichen Wonne dasitzt, wenn sie fließen: O da sind wir so schwach, dass uns Blumenketten fesseln, nicht weil sie durch irgend eine Zauberkraft stark sind, sondern weil wir zittern sie zu zerreißen.

Johann Wolfgang Goethe

Süße Wehmut ist der eigentliche Charakter einer echten Liebe – das Element der Sehnsucht und Vereinigung.

Es gibt so manche Blumen auf dieser Welt, die überirdischen Ursprungs sind, die in diesem Klima nicht gedeihen und eigentlich Herolde, rufende Boten eines bessern Daseins sind. Unter diese Blumen gehört vorzüglich Religion und Liebe.

Das höchste Glück ist seine Geliebten gut und tugendhaft zu wissen. Die höchste Sorge ist die Sorge für ihren Edelsinn.

Aufmerksamkeit auf Gott und Achtsamkeit auf jene Momente, wo der Strahl einer himmlischen Überzeugung und Beruhigung in unsre Seelen einbricht, ist das Wohltätigste, was man für sich und seine Lieben haben kann.

Novalis (d. i. Friedrich von Hardenberg)

Und kränkt die Liebe dich, sei dir's zur Lieb ein Sporn;
Dass du die Rose hast, das merkst du erst am Dorn.

Friedrich Rückert

Für das Geliebte leiden ist so süß
Und Hoffnung und Erinnrung sind ja Rosen
Von *einem* Stamme mit der Wirklichkeit
Nur ohne Dornen! [...]

Franz Grillparzer

Die Liebe ist schmerzhaft und führt zu nichts, und das ist ihre Herrlichkeit

Peter Handke

Ich meine, es müsste einmal ein sehr großer Schmerz über die Menschen kommen, wenn sie erkennen, dass sie sich nicht geliebt haben, wie sie sich hätten lieben können.

Christian Morgenstern

Hoffnungslose Liebe macht den Mann kläglich und die Frau beklagenswert.

Marie von Ebner-Eschenbach

Nie kann das Schicksal wahrhaft Liebender ein trostloses sein: auch als entsagende noch vermag die Liebe zu segnen und Wunder zu tun.

Gertrud von Le Fort

Liebe, Liebeskummer sind manchmal wie bestimmte Melodien, die man nicht loswerden kann. Man wird von der albernen, bitteren Zärtlichkeit verfolgt.

Paul Valéry

Er erquickt mich mit Blumen und labt mich mit Äpfeln; denn ich bin krank vor Liebe.

Das Hohelied Salomos

Wer in der Liebe zuerst geheilt ist, ist immer am besten geheilt.

La Rochefoucauld

Man heilt Leidenschaften nicht durch Verstand, sondern nur durch andere Leidenschaften.

Ludwig Börne

Die Leidenschaft macht oft den klügsten Mann zum Narren und den größten Dummkopf zum klugen Mann.

La Rochefoucauld

Die Liebe, nach der man strebt, ist wie ein Leiden, angesiedelt zwischen dem Fleisch und dem Gebein. Erst wenn die Jugend vorbei ist, führt der Schmerz zu reichem und kummervollem Wissen.

Khalil Gibran

Wer immer singt und immer flennt
Von Liebesglück und Schmerz,
Dem fehlt was er am meisten nennt,
Dem fehlt Gemüt und Herz.

Mirza-Schaffy (d. i. Friedrich von Bodenstedt)

Es gibt nichts Schwereres, als einen Menschen, den man liebt, einen Weg gehen lassen zu müssen, der zur nächsten Stadt führt, statt auf den nächsten Gipfel.

Christian Morgenstern

Jede Leidenschaft verleitet uns zu Fehlern, zu den lächerlichsten jedoch die Liebe.

La Rochefoucauld

Unglückliche Liebe

Unglücklich ist Liebe nicht nur dann, wenn man liebt, ohne wiedergeliebt zu werden, sondern auch dann, wenn man geliebt wird, ohne wiederzulieben. Leicht kann es dann passieren, daß der Geliebte durch die liebende Person in eine Superiorität hineinmanövriert wird, die er durch kein noch so delikates Benehmen auszugleichen vermag, daß sich seine Superiorität wider Willen in ein Gefühl von Unfairness verwandelt, in die Überzeugung, daß er sein Wort (obwohl er dieses gar nicht gegeben hatte) gebrochen habe. Aber daß er sein Wort gar nicht gegeben hatte, das hat für die ›Logique du cœur‹, da diese grundsätzlich in umgekehrter Uhrzeigerrichtung argumentiert, überhaupt keine Bedeutung. »Da ich die Liebende enttäusche«, argumentiert das Herz nämlich, »täusche ich sie. Und da ich sie täusche, muß ich ihr mein Wort wohl gegeben haben.« Sein schlechtes Gewissen arbeitet nicht nur (wie das Augustins) als Entdeckerin des Gewesenen, sondern als Instanz, die darüber entscheidet, was gewesen ist, was gewesen sein muß.

Und so geschieht es schließlich, daß der Moralist, zwar nicht dem Zuge, aber doch der Weisung seines Herzens folgend, sein nie gegebenes Wort einlöst – wodurch er das Unglück nun vollständig macht. Denn nun wandert, da seine Liebe nicht gelingt, seine Superiorität unversehens hinüber zu der ungeliebten Geliebten. Da diese sich pausenlos auf die Realität ihrer gelingenden Liebe berufen kann, befindet sich die Superiorität bei ihr in den besten Händen. Das Ende vom Liede ist dann, daß die so transferierte Superiorität die Liebende zur lebenslänglichen Erpresserin macht. –

Nicht nur unglücklich ist solche unglückliche Liebe also, sondern, wenn man unter ›unselig‹ das Unglück unverschuldeter Unmoral versteht, unselig.

Günther Anders

In der Liebe gibt es am wenigsten Erbarmen. Es gehört zur Liebe, daß das Kleinste zählt und nichts vergessen wird: diese Vollständigkeit und Genauigkeit macht sie aus. Wenn man sagt: er will alles, *meint* man alles. Vielleicht wäre hier nur ein Kannibale konsequent. Aber der seelische Kannibalismus ist komplizierter. Auch kommt dazu, daß es sich um *zwei* Kannibalen handelt, die einander gleichzeitig essen.

Elias Canetti

Man glaubt, der Mensch könne nur einmal sterben? Torheit! Wer liebt, kann zweimal sterben! Damit muss er sein Glück bezahlen.

Friedrich Hebbel

Auf zweierlei Weise haben wir die Macht, uns einer Liebe zu entschlagen: entweder durch die Erkenntnis eines besseren Dings oder durch die Erfahrung, dass das geliebte Ding, das für etwas Großes und Herrliches gehalten wurde, viel Unheil und Elend im Gefolge hat.

Baruch de Spinoza

Die Liebe ist ein schöner Engel, aber oft ein schöner Todesengel für das gläubige, betrogne Herz!

Adalbert Stifter

Man braucht Jahre, um die Liebe eines Menschen zu zerstören; aber kein Leben ist lang genug, diesen Mord, was ist mehr ein Mord, zu beklagen.

Elias Canetti

Missverständnis

Wir sahen uns in die Augen, und ich sah nur mich, und sie sah nur sich.

Stanisław Jerzy Lec

Die Kurzsichtigen sind verliebt. – Mitunter genügt schon eine stärkere Brille, um den Verliebten zu heilen; und wer die Kraft der Einbildung hätte, um ein Gesicht, eine Gestalt sich zwanzig Jahre älter vorzustellen, ginge vielleicht sehr ungestört durch das Leben.

Friedrich Nietzsche

Es war Liebe auf den ersten Blick. Nach der Hochzeit stellten beide fest, daß er kurzsichtig und sie weitsichtig war.

Žarko Petan

Die schrecklichsten Abgründe öffnen sich, wenn zwei Menschen sich *wirklich* gern haben! Denn da merken sie erst *alles*, was *trotzdem* nicht stimmt! Die anderen *gleiten darüber hinweg*, sie haben es eh *nie anders sich erhofft*!

Peter Altenberg

Liebe ist zumeist ein Kontrakt, den zwei Eitelkeiten miteinander schließen; wobei gewöhnlich eine Partei die überfordernde ist.

Egon Friedell

In der Liebe werden die einen vom unklaren Teil dieser Angelegenheit angelockt; die anderen vom deutlichen.
Die einen: von der Unruhe und dem Werden, der Ungewißheit und all dem zögernden Herumtappen, zuerst in sich selber, dann zwischen zwei komplexen Wesen und schließlich zwischen Organen einer Mechanik, die sich anpaßt.
Die anderen: von dem hitzigen Augenblick, nach dem sie gut schlafen werden. –

Paul Valéry

Dankbarkeit ist die Liebesantwort des von Liebe Angerufenen.

Michael Bauer

Zartgefühl – so behauptet man – ist von der Liebe unzertrennlich und macht manchmal ihren Reiz, aber öfter ihre Langeweile aus.

Voltaire

Wenn ein paar Liebende einander versprechen, dass sie an einander *denken* wollen, so versprechen sie sich eigentlich, dass sie *atmen* wollen.

Friedrich Hebbel

Sie machen Liebe. Und das geht eben nicht.

Werner Schneyder

Was die Liebe wechselweise fordert, ist plastische Kraft. Darum gibt es in der Liebe wie in der Kunst so viele verunglückte Entwürfe ohne die zureichende Kraft der Ausführung.

Hugo von Hofmannsthal

Die Lieb' ist eine Nachtigall, und die Nachtigallen haben das, dass sie im dunklen Laub des Verbotes viel reizender schlagen als auf der offnen, flachen Heerstraße der Pflicht.

Johann Nestroy

Ich kenne nur einen Menschen, Liebes, der mich noch weniger kennt als du – mich.

Gabriel Laub

Es ist bemerkenswert, daß wir gerade von dem Menschen, den wir lieben, am mindesten aussagen können, wie er sei.

Max Frisch

In der Liebe sind Versicherungen wie eine Ankündigung ihres Gegenteils.

Elias Canetti

Warum pflegen wir im gewöhnlichen Leben einen bestimmten Menschen zu lieben? Nun, sagen wir es ehrlich: meist aus recht egoistischen Gründen. Wenn er nämlich eine Anzahl von Eigenschaften besitzt, die uns zugute kommen.

Egon Friedell

Durch unsre Eigenliebe verführt uns die Liebe! Wie könnte man auch einem Gefühl widerstehen, das verschönt, was wir haben, uns wiedererstattet, was wir verloren, und schenkt, was wir nicht haben?

Chamfort

Liebe ist die höchste Stufe des Egoismus. Wir lieben nicht unsere Partner, sondern ihre Fähigkeit, uns zu lieben.

Gabriel Laub

Gewöhnlich erlebt der Mensch am anderen Menschen nur die chinesische Mauer seines Ichs.

Ferdinand Ebner

Man liebt zuletzt seine Begierde, und nicht das Begehrte.

Friedrich Nietzsche

In diesen Erzählungen von Liebe sehe ich immer nur eines: die Liebe als Selbstpreis. Selten oder nie, dass diese Menschen durch ihre Liebe zueinander *wachsen* wollen, dass sie über sich hinaus lieben. Daher denn auch diese Übersättigung, ja der Ekel, der einen nach und vor derlei erfasst, ein Verlangen, es möchte doch auch hier endlich eine neue Optik Platz greifen, eine tiefere, religiösere Betrachtung des Liebeslebens.

Christian Morgenstern

Liebende sind nie einsam. Auch wenn sie nur sich selbst lieben.

Gabriel Laub

Dass zwei Liebende sich nie miteinander langweilen, liegt daran, dass sie beständig von sich selber sprechen.

La Rochefoucauld

Fremd und doch vertraut: Die Beziehung zwischen Mann und Frau.

Sei Shônagon

Wenn man über die Liebe nach der Mehrzahl ihrer Wirkungen urteilt, so gleicht sie mehr dem Hass als der Freundschaft.

La Rochefoucauld

Die Liebe, weit mehr als andre Leidenschaften, ist die größte Feindin der Gerechtigkeit, und überhaupt Vernunft.

Wilhelm Heinse

Die Liebe und ihre Umkehrung, der Hass, sind darum das eigentliche Studium des Lebens, weil sie allein aus den andern Individuen die Konsequenzen ziehen.

Hugo von Hofmannsthal

Die Liebe wertet ihr Objekt, der Hass entwertet es. Liebe ist Ausströmung inneren Wertens, Hass Ausströmung innerer Wertlosigkeit. Die Liebe beseelt, der Hass entseelt.

Ferdinand Ebner

Man irrt sich, wenn man die Welt zu lieben glaubt, ohne das Spiel zu lieben und die Frauen.

Vauvenargues

Die Zahl der Frauen, die in London mit ihren eigenen Ehemännern flirten, ist ein Skandal. Was macht das für einen schlechten Eindruck, wenn man in aller Öffentlichkeit saubere Wäsche wäscht!

Oscar Wilde

Die Grundsteine so mancher Liebe sind – Brillanten.

Phia Rilke

Wenn ein Mann Liebe vortäuscht, aber um das Geld freit, gleicht er einem Gaukler, der deinen Schilling wegzaubert und dir dafür etwas sehr Unanständiges unter den Hut schmuggelt.

Jonathan Swift

In dem Sinn, worin die Verbeugung ein verhüllter Stoß ist, ist der Kuss auch ein verhüllter Biss.

Friedrich Hebbel

Mancher sucht sein Leben lang Kameradschaft, – aber man muss mit diesem Bedürfnis im Herzen nicht zu Frauen gehen. Sie wollen, eine jede, ausschließlich *geliebt* sein, sie wollen aus aller Kraft die Episode der Liebe, aber ohne sie dabei als Episode aufzufassen. Sie wollen ein ganzes Leben in Beschlag nehmen, aber dafür kein Leben der Kameradschaft, sondern ein Leben der Liebe geben. Ein Leben der Liebe aber ist ein Unding, wie ewige Musik oder ewiger Frühling. Die Liebe verdirbt die Seele zur Kameradschaft, sie ist kalt und heiß, eifersüchtig und unberechenbar, die Kameradschaft, die Freundschaft ist allein wahre Seelenliebe, sie ist bis zu jedem möglichen Grade unegoistisch, sie ist der höchste Zustand zwischen Mensch und Mensch. Die Liebe ist das Mittel zum Werden des Kindes, aber die Freundschaft ist das Mittel zum reif und süß Werden deiner selbst.

Christian Morgenstern

Das Ende

K. und L. sind toll ineinander verliebt. Erkennen sie einander auf der Straße, dann winken sie stürmisch; fliegen, unbekümmert um Verkehr oder Passanten, aufeinander los; schütteln einander die Hände und überschütten sich mit einem Schwall von Worten. Jeder natürlich mit Worten seiner eigenen Sprache – denn *sie* ist Italienerin, und *er* Däne – was beide natürlich zum Lachen bringt: bis hierher ist also alles in schönster Ordnung, denn eine bessere Liebesnahrung als Lachen hat es ja niemals gegeben. Dann aber, wenn der Schwall verrauscht ist, ach, aber dann. Denn *er* spricht nicht italienisch, und *sie* nicht dänisch. Und das Englisch, das sie sprechen, ist so erbärmlich, daß seines nur von Dänen, ihres nur von Italienern verstanden wird. Aber was hilft es, was bleibt ihnen übrig, dann beginnen sie also zu stammeln; und dann zu gestikulieren; und dann die Köpfe zu schütteln; und dann sich mißzuverstehen; und dann einander fremd zu werden. Bis zur nächsten Ecke gehen sie noch zusammen, aber schon wirken sie wie entfernt Bekannte. Dann blicken sie, fast gleichzeitig schulterzuckend, auf die Uhr, und beiden fällt es plötzlich ein, daß sie noch etwas Unaufschiebbares zu tun haben.

Günther Anders

Wer ein lebenslängliches Glück mit einem schönen Weibe wünscht, gleicht dem Trinker, der den Geschmack des Weines dadurch dauernd zu genießen sucht, dass er seinen Mund immer voll davon hält.

George Bernard Shaw

Irrationalität der Liebe: die Menschen zu lieben, obwohl man sie kennt.

Gabriel Laub

Liebe beginnt damit, dass man sich selbst betrügt. Und am Ende betrügt man andere. Das nennt die Welt dann eine Romanze. Eine wahrhaft grande passion aber ist heutzutage verhältnismäßig selten geworden.

Oscar Wilde

Liebe ist zumeist ein Kontrakt, den zwei Eitelkeiten miteinander schließen; wobei gewöhnlich eine Partei dic übcrfordernde ist.

Egon Friedell

Die gleichen Affekte sind bei Mann und Weib doch im Tempo verschieden: deshalb hören Mann und Weib nicht auf, sich misszuverstehn.

Friedrich Nietzsche

Die Liebe lebt von ihrer Distanz zum Objekt, obwohl es als Streben in aller Liebe liegt, diese Distanz zu überwinden.

Ferdinand Ebner

Wie ganz anders sind die Worte, die man einer geliebten Gestalt in Gedanken sagt, als wenn sie dann vor uns tritt und das dumme Herz erschrocken zurücksinkt und eine Flachheit vorbringt.

Adalbert Stifter

Der lange Blick

Wer den langen Blick kennt, schweigend, in einem Halbdunkel, das von der Entrückung um alle Dinge und Menschen ausgebreitet wird, wenn uns nur noch die Augen der geliebten Frau ansehen und wir darin erkennen, wie wir erkannt werden, in einem Zeitvorbei, Raumvorbei, das unertragbar wäre, wenn es nicht wieder höchste Leichtigkeit besäße, im Lächeln des

Ernstfalls: der hat den bloß männlichen Orgasmus verlassen, ganz die Frau und folglich jenen Liebesraum in sich eingetauscht, der nicht in der kurzen Ekstase männlicher Höhepunkte, sondern nur im »Ausklingen« wohnt, ja nicht einmal den Coitus als Schlüssel braucht und allemal ein weiblicher Raum ist. Aber der Mann kann nicht lange darin hausen. Es gibt Liebe, die mit dem langen großen Blick beginnt, ihn völlig auf ihrer Höhe hat und daran vergehen muß. Große Musik weiß davon ihr Lied zu singen; noch die Situation im zweiten Akt Tristan gehört hierher, der unbewegliche Anblick fast ohne Berührung. Er ist so wenig eine züchtige Stellvertretung oder »Andeutung« des Beischlafs wie das Blickduett ineinander dessen Musik.
Aber es wäre wahrer, wenn selbst Tristan Isolde danach verließe, diesen gar nicht unterirdischen, sondern sehr hoch gelegenen und entlegenen Venusberg, in dem nur die Geliebte weiter atmen kann, nur die Frau mit dem offenen Auge eines gänzlich unverdunkelten, aber auch undurchscheinenden Rauschs lieben kann. Der Mann blickt nach kurzem feige beiseite, es sei denn, er sucht in diesem Schweigen ohne Fenster den Raum für alles Wichtige, das ihm tief und angelegen ist, so daß er darin bleiben kann. Selten haben Untreue und höchste Treue eine schrecklichere Verbindung im gleichen Akt; die männliche Liebe erlischt leicht im Nichts-als-Liebe, das der Frau das Alles ist. Nicht an der unersättlich sexuellen, sondern an der unersättlich erotischen Frau fällt der richtige Mann durch. Er besteht vor ihr, wenn dieser Frauen Wesen so nah mit Kunst verwandt ist.

Ernst Bloch

Sehnsucht

SEHNEN. Subtile Form des liebenden Begehrens, die, jenseits allen Habenwollens, als Mangel erlebt wird.

Roland Barthes

Sehnsucht gab mir ihr weites Kleid,
Seine Naht ist lang wie die Ewigkeit.
Streicht die Sehnsucht um das Haus,
Trocknen die plaudernden Brunnen aus;
Die Tage kommen wie Tiere daher,
Du rufst ihre Namen, sie atmen nur schwer;
Du suchst dich im Spiegel, der Spiegel ist leer,
Hörst nur der Sehnsucht Schritt,
Du selbst bist nicht mehr.

Max Dauthendey

Ein Lob der Liebe

Wer der Liebe abhold, mag er ansonsten auch in allem wohlgeraten sein, ist schrecklich unvollkommen und gleicht einem edlen Becher ohne Boden.
Wie sehr hingegen rührt uns einer an, der vom Abendtau und Morgenreif durchnässt, umherirrt, im Herzen keine Ruhe findet, weil er der Eltern Mahnen und der Leute Reden fürchtet, sich dies und das wohl überlegt, doch am Ende dann des Nachts allein auf seinem Lager liegt, ohne rechten Schlaf zu finden.
Die beste Lebensart indes wird sein, sich bei allem

Sehnen nicht in der Liebe zu ertränken, damit die Frauen niemals glauben, sie hätten leichtes Spiel mit ihm.

Kenkô

Niemand nahm mit sich je zwei Dinge zu gleicher Zeit:
Sehnsucht nach dem Geliebten, Verbindung mit dieser Welt.

'Abdulkarim von Bullri

So sehr hab ich gewöhnet an deine Nähe mich,
o weh mir jede Stunde, da nicht ich sehe dich.

Dschami

O! zarte Sehnsucht, süßes Hoffen,
Der ersten Liebe goldne Zeit,
Das Auge sieht den Himmel offen,
Es schwelgt das Herz in Seligkeit.

Friedrich Schiller

Es vergeht keine Stund in der Nacht,
Da mein Herze nicht erwacht,
Und an dich gedenkt,
Dass du mir vieltausendmal
Dein Herze geschenkt.

Anonym

Es kneipt mich, es reißt mich,
Der Kopf ist mir wund,
Da zeigt sich der Liebste,
Da bin ich gesund!

Anastasius Grün

Der eine erweckt Liebe, der andere nur Sehnsucht nach ihr

Elazar Benyoëtz

Was immer es sei, der Reiz liegt stets im Anfang und im Ende. Meint die Liebe zwischen Mann und Frau etwa nur jene Zeit, in der sie beisammen sind, einander Unzertrennlichkeit gelobend? In Wahrheit weiß Liebe erst zu schätzen, wer sie verlor, bevor sie sich erfüllte, wer leere Treueschwüre zu beklagen hat, wer manch lange Nacht in tiefer Einsamkeit verbracht, wes ungestillte Sehnsucht in Wolkenferne schweift, wer wehmutsvoll gedenkt der längst vergangenen Zeit vertrauter Zweisamkeit in dem verfallenen Haus, das dicht von Schilf umwuchert.

Kenkô

Der Teufel soll die Sehnsucht holen!
Ich lieg in einem Bett von Nesseln,
Auf einem Rost von glühnden Kohlen,
In einem Netz von ehrnen Fesseln!
Das Auge sehnt sich aus der Höhle,
Der Busen sehnt sich aus dem Mieder;
Ich wollt, es sehnte auch die Seele
Sich aus dem Leib und käm nicht wieder!

Ricarda Huch

Seitensprung

Das schönste am Seitensprung ist der Anlauf.

Karl Farkas

Liebschaften sind wie Pilzgerichte, ob sie ungefährlich waren, weiß man erst später.

Heinz Erhardt

Hör' immer dich jammern,
Du schlafest allein,
Doch kennt sich's am Kissen,
Hier lag man zu zwei'n.

Anastasius Grün

Man behauptet, dass die Katzen durch den Geruch der Salben bis zur Tollheit gebracht werden. Wenn nun eben so die Weiber durch Salben ganz von Sinnen kämen, so wäre es einem Manne sehr zu verargen, wenn er sich nicht der Salben enthalten wollte, sondern um einer so kurzen Lust willen seine Frau in einen so schlimmen Zustand geraten ließe. Wenn sie daher in diesen Zustand verfallen, nicht weil die Männer sich salben, sondern mit Buhlerinnen Umgang haben, so ist es doch ungerecht, wegen einer geringen Lust seine Frau so sehr zu betrüben und zu bekümmern, und nicht züchtig und rein vom Umgange mit andern ihr sich zu nahen, wie der Biene, die, wie man glaubt, diejenigen anfällt und angreift, welche mit Weibern zu tun gchabt.

Plutarch

Ein Flirt ist die Kunst, mit einem blauen Auge davonzukommen, wenn man zu tief in zwei blaue Augen geschaut hat.

Karl Farkas

So sind alle jungen Männer von einem Ende der Welt bis zum anderen: und wenn sie gleich eine vom Himmel herabgestiegene Schönheit liebten, in gewissen Augenblicken würden sie ihr trotzdem mit einem Schankmädchen die Treue brechen.

Voltaire

Junge Männer möchten gern treu sein – sind es aber nicht. Ältere Männer möchten gern untreu sein – können es aber nicht.

Karl Farkas

Alte Liebe kostet nichts.

Ulrich Erckenbrecht

Liebe ist der verbleibende Freiraum zwischen Treue und Polygamie.

Werner Schneyder

Nachdem man sich mit den Ehefrauen anderer nicht nur heimlich, sondern ganz offen vergnügt hat, stellt man die eigene Frau anderen zur Verfügung. Man ist ein ungebildeter Bauer mit schlechten Manieren und gilt bei den Damen als verabscheuungswürdige Partie, wenn man seiner Frau verbietet, sich in der Sänfte öffentlich anzubieten, allen Beschauern Zutritt zu gewähren und sich, von allen Seiten gut sichtbar, umhertragen zu lassen. Wenn jemand sich keine Geliebte zulegt und keine fremde Ehefrau aushält, bezeichnen ihn die Damen als gemeinen Schwächling, unanständigen Wüstling und Schürzenjäger. Daher ist der Ehebruch die sicherste Form der Verlobung; Witwerschaft und Ehelosigkeit sind an der Tagesordnung; man heiratet nur, indem man die Frau eines anderen verführt.

Seneca

Man sei liebenswürdig und ehrbar, wie man nur denken kann, liebe die vollkommenste Frau der Welt – nichtsdestoweniger muss man ihr seinen Vorgänger oder Nachfolger verzeihen.

Chamfort

Eine verheiratete Frau, sieh an! Na ja, nichts ist so schön wie die Hingabe einer verheirateten Frau. Davon kann sich ein verheirateter Mann überhaupt keine Vorstellung machen.

Oscar Wilde

Gibt es denn noch eine Frau, die wegen einer Scheidung errötet, seitdem gewisse prominente Damen aus dem Adel ihr Alter nicht nach der Zahl der Konsuln, sondern ihrer Ehemänner berechnen, sich scheiden lassen, um zu heiraten, und heiraten, um sich scheiden zu lassen? Man fürchtete den Skandal, solange er selten war. Aber weil es keine Zeitung ohne eine Scheidung gibt, lernten sie, was sie immer wieder hörten. Schämt man sich überhaupt noch für einen Ehebruch, seit es so weit gekommen ist, dass eine Frau ihren Mann nur dazu benutzt, um ihren Liebhaber zu reizen? Keuschheit ist der Beweis für mangelnde Attraktivität … Einfältig und altmodisch ist eine, die nicht weiß, dass die Ehe ein einziger Ehebruch genannt wird.

Seneca

Auch die sonderbaren und fragwürdigen Verhältnisse haben oft sehr viel Gefühlsechtes.

Theodor Fontane

Pass auf, mein lieber Tuppy, verirre dich nicht auf die Pfade der Tugend, lass dich nicht dazu verführen. Wenn du dich änderst, bist du nur noch langweilig. Das ist das Schlimmste an den Frauen. Sie wollen immer, dass man anständig ist. Sind wir aber anständig, wenn sie uns kennenlernen, wollen sie nichts von uns wissen. Sie haben es gerne, uns als unverbesserliche Sünder aufzulesen – und als reizlose Ehemänner fallenzulassen.

Oscar Wilde

Eine geistreiche Frau sagte mir ein Wort, das das Geheimnis ihres Geschlechts sein könnte: dass nämlich jede Frau, die einen Liebhaber nimmt, mehr darüber nachdenkt, wie andre Frauen diesen Menschen sehen, als wie er ihr selbst erscheint.

Chamfort

Nach dem Sündenfall vergißt der Franzose eine Frau, der Engländer heiratet sie, der Rumäne verschafft ihr einen Mann, der deutsche fängt einen Prozeß mit ihr an, und der Amerikaner heiratet sie vorher.

Kurt Tucholsky

Stolpersteine

Schlecht leben die Geliebten und in Gefahr. Ach, dass sie sich überstünden und Liebende würden. Um die Liebenden ist lauter Sicherheit.

Rainer Maria Rilke

Bei keiner Leidenschaft herrscht die Selbstliebe so gewaltig wie bei der Liebe, und man ist stets mehr geneigt, die Ruhe der geliebten Person aufzuopfern, als die eigene zu verlieren.

La Rochefoucauld

In der Eifersucht liegt mehr Eigenliebe als Liebe.

La Rochefoucauld

Eifersucht kann gleich dem Feuer Hörner zusammenschrumpfen lassen, aber sie stinken auch dabei.

Jonathan Swift

Was qualvoll ist: Eine Frau, die von einem grundlos misstrauischen Mann über alles geliebt wird.

Sei Shônagon

Wenn die geliebte Frau mit einem andern Mann flirtet, erscheint sie uns leise lächerlich. Die Steine des Kaleidoskops, das wir so gut kennen, geben ein neues Bild;

wir sehn sie zum ersten Mal gewissermaßen von der Seite. Eifersucht macht kritisch. Wenn Männer mit einer für sie neuen Frau beschäftigt sind, gilt das natürlich alles nicht.

Kurt Tucholsky

Aus Angst um das eine Geliebte kommt die Grausamkeit gegen den ungeliebten Dritten

Peter Handke

Hätt ihn wohl gerne,
Er will nicht dran,
Bänd' ihn mit Reben,
Doch geht's nicht an!

Anastasius Grün

Lieben, betrogen werden, eifersüchtig sein – das trifft bald einer. Unbequemer ist der andere Weg: Eifersüchtig sein, betrogen werden und lieben!

Karl Kraus

Die Eifersucht wird stets mit der Liebe geboren, aber nicht immer stirbt sie mit ihr.

La Rochefoucauld

Eifersucht ist Beschämung; darum ist es eine einsame Leidenschaft.

Rahel Varnhagen

Die Eifersucht ist keine Leidenschaft! Die Eifersucht ist eine Furcht, die ewige, organische, unentrinnbare, innerlich sterben zu müssen! Eine Todesfurcht!

Peter Altenberg

Das Feuer der Liebe lässt Brandstätten zurück.

Jean Paul

Die Liebe ist eine Flamme, und also sagen wir, Schönheit sei anziehend, denn die Ärzte beobachten, daß Feuer ein großes Zugmittel ist.

Jonathan Swift

Das Liebesgespenst

Das Liebesgespenst übt sein Gewerbe im Umherziehen aus. Es hat stets alte Fotografien bei sich und kann ein schönes Lied singen: »Ja – hättest du damals!« Dann werden Liebende leicht nachdenklich. Das Liebesgespenst hat kein Geschlecht, bewegt sich in Frauenröcken wie in Herrenfräcken und wirft auf weiße Vorhänge mit einer kleinen Laterna magica bunte Bilder: Sieh, wie hübsch Arthur ist! Was hältst du von Helene –? Das Liebesgespenst hat ein Salzbüchschen, damit streut es den Liebenden Salz ins Herz. Es verändert Frisuren, läßt Bartstoppeln wachsen, verdirbt manchmal mit einer künstlich erzeugten Sommersprosse ganze Ehen und ist an sämtlichen Überraschungen (»Himmel, mein Mann!«) schuld. Das Liebesgespenst gespenstert durch Bälle, auf Tanzdielen,

durch Schlafzimmer und Salons – es macht Männer zur Unzeit korpulent und Frauen unvorteilhaft dünn. Es hat noch nie Liebende zueinander und zusammengebracht – es ist ein Gegner der Liebe. Manchmal bringt es aber doch ein Paar zusammen – das ist dann aber auch danach. Liebesgespenster sind Optiker – sie setzen den in Mitleidenschaft gezogenen Parteien Brillen auf, schwarze, rosenrote, gebatikte …
Das Liebesgespenst kommt in allen Weltteilen wild vor.
Das Liebesgespenst gaukelt dem Verliebten das Mädchen vor, betörend. Hat er sie, dreht es eine Lampe auf – entzaubert, enttäuscht, melancholisch sieht der Düpierte, was er sich da eingekauft hat. Dann geht ein trocknes Rascheln durchs Zimmer. Das Gespenst hat gelacht. »Was war das?« haucht die verliebte Braut. »Nichts – meine Hosenträger!« sagt der Bräutigam.

Kurt Tucholsky

Liebe ist eine blinde Seherin.

Ulrich Erckenbrecht

Die Liebe ist eine Krankheit – leider nicht ansteckend.

Žarko Petan

Manchmal weinen, manchmal lachen, manchmal ganz verwirrt –
Wie durch Liebe manch Gesunder doch zum Narren wird!

Dard

Man pflegt zu sagen, je unbedingter eine Liebe sei, umso schwerere Belastungen könne sie ertragen. Ich erlebte die entgegengesetzte Wahrheit: je unbedingter eine Liebe ist, um so zarter und gefährdeter ist ihre Verletzbarkeit.

Gertrud von Le Fort

Trennung lässt die schwächere Leidenschaft abnehmen und die große wachsen: wie der Wind die Kerzen auslöscht und das Feuer anfacht.

La Rochefoucauld

Wenn man einander nicht sehen, sich nicht austauschen und nicht beisammen sein kann, erlischt das Gefühl der Liebe.

Epikur

Die Liebe kann wie das Feuer nie ohne fortwährende Bewegung bestehen, und sie hört auf, sobald sie aufhört zu hoffen und zu fürchten.

La Rochefoucauld

Die Familie nahm ihn in den Würgegriff der Liebe. Nach einem Jahr hatten sie ihn soweit: Er lag mit beiden Schulterblättern am Boden, aber es war kein Schiedsrichter da, um abzupfeifen.

Michael Ende

Alle Versuche, die Liebe wiederzubeleben, sind umsonst. Im besten Falle zeugt man einen Menschen.

Stanisław Jerzy Lec

Die Liebe überwindet den Tod, aber es kommt vor, dass eine kleine üble Gewohnheit die Liebe überwindet.

Marie von Ebner-Eschenbach

So ist es, wenn ein Mensch sein Liebesvermögen auf einen einzigen Gegenstand gesammelt hat; mit dessen Verlust stürzt ihm alles zusammen, und er steht arm zwischen Trümmern.

Hermann Hesse

Es gibt wenig Menschen, die sich nicht schämten, einander geliebt zu haben, wenn sie sich nicht mehr lieben.

La Rochefoucauld

Beginn und Ende der Liebe künden sich an in der Verlegenheit, mit dem andern allein zu sein.

Jean de la Bruyère

Ist es auch der gleiche Mann, empfindet man ihn als fremd, wenn seine Liebe erkaltet ist.

Sei Shônagon

Gewohnheit bewältigt alles – sogar in der Liebe.

Vauvenargues

Liebe, die sich nicht jeden Tag selbst erneuert, wird eine Gewohnheit und dann Sklaverei.

Khalil Gibran

Die Gewohnheit ist gar oft das einzige Band, welches die Menschen dauerhaft verbindet.

Phia Rilke

Wir möchten stets beginnen, immer das Gefühl haben, daß die Welt uns offen steht, daß sie gerade erst anfängt, und das Erlebnis des Neuen beschert uns ein solches Gefühl, wenngleich als Illusion. Sicherlich wechseln die Menschen deshalb auch ihre Ehepartner: Für eine Weile erleben sie eine neue Zeit, einen neuen Anfang.

Leszek Kołakowski

Die Liebe geht an uns vorüber, gekleidet in Demut. Wir aber fliehen sie in Angst oder verbergen uns in der Dunkelheit. Oder wir verfolgen sie und tun Böses in ihrem Namen.

Khalil Gibran

Ein Liebender wünscht seiner Geliebten viel Unglück, bloß um sie daraus retten zu können, z. B. einen Fall ins Wasser, einen Brand etc.

Friedrich Hebbel

Verblödung oder Erhellung durch die Liebe – Man kann durch die Liebe blind oder sehend werden, je nachdem auf welcher seiner zahlreichen Ebenen sich dies Gefühl entwickelt: auf der untersten ist es ja dem Hasse oft sehr ähnlich, der bekanntlich auch blind macht.

Heimito von Doderer

Zu früh

Nur wer jemals von einer Geliebten einen Brief erhalten hat, von dessen Verständnis und dessen sofortiger Beantwortung alles abhing; aber seine acht, mit wilden Kolonnen bedeckten, Seiten blieben unentzifferbar, und nichts war zu erkennen außer den hektisch dreifachen Unterstreichungen, den an rätselhaften Stellen eingerahmten Ausrufungszeichen und den ominös im Nichts hängenden Frageschnörkeln; nur wer je einen solchen Brief erhalten und die Nacht über ihm verbracht hat; und am nächsten Morgen von neuem anfing und ihn auswendig wußte, aber nur sein Bild; nur wem es am dritten Tage geschehen ist, daß plötzlich drei Wörter dastanden, deutlich wie drei nackte Männer, und es war unbegreiflich, was sie zuvor verhüllt hatte; nur wer je eine solche Erleuchtung erlebt hat und einen solchen Betrug: denn die drei Wörter, die dastanden wie nackte Männer, hießen nur ›zwar‹ und ›sehr‹ und ›gewesen‹, und zusammen ergaben sie nichts und hatten sich nur zum Hohne aufgedeckt und ohne die geringsten Anstalten zu machen, auch auf ihre Nachbarwörter Licht fallen zu lassen; und am nächsten Morgen waren auch sie wieder verschwunden, und selbst die Stellen waren unauffindbar, an denen sie aufgeschienen waren – nur wer je einen solchen Brief erhalten hat, der weiß, was es bedeutet, zu jung mit philosophischer Lektüre angefangen zu haben.

Günther Anders

Grausamer Einfall der Liebe. – Jede große Liebe bringt den grausamen Gedanken mit sich, den Gegenstand der Liebe zu töten, damit er ein für alle Mal dem frevelhaften Spiele des Wechsels entrückt sei: denn vor dem Wechsel graut der Liebe mehr als vor der Vernichtung.

Friedrich Nietzsche

Überall, wo einer auszieht, da zieht ein anderer ein, und jeden Ort, welchen die Liebe verlässt, den gewinnt der Hass.

Gertrud von Le Fort

Die wahre Liebe kann verwundet, aber nicht getötet werden.

Phia Rilke

Trennung

Im nächsten Verkehre. – Wenn Menschen auch noch so eng zusammengehören: es gibt innerhalb ihres gemeinsamen Horizontes doch noch alle vier Himmelsrichtungen, und in manchen Stunden merken sie es.

Friedrich Nietzsche

Was nun Gott zusammengefügt hat, das soll der Mensch nicht scheiden.

Evangelium des Matthäus

Solang *das* Liebe heißt, dass einer siegt
über den andern, geh ich.

Rainer Maria Rilke

Als sie einander acht Jahre kannten
(und man darf sagen: sie kannten sich gut),
kam ihre Liebe plötzlich abhanden.
Wie andern Leuten ein Stock oder Hut.

Erich Kästner

Wenn wir in der heutigen Welt Umschau halten und uns fragen, welche Bedingungen im allgemeinen zum ehelichen Glück oder Unglück beitragen, kommen wir zu einer etwas eigenartigen Schlußfolgerung: nämlich, daß die Menschen anscheinend, je zivilisierter sie werden, desto unfähiger sind, mit einem einzigen Partner lebenslang glücklich zu sein.

Bertrand Russell

Ein Mann verläßt eine Frau. Auch die umgekehrte Geschichte ist denkbar. Ihre gemeinsame Zeit scheint abgelaufen. Was sie aneinander band, hat sich verbraucht. Die Sache ist alt und alltäglich. Wir haben uns daran gewöhnt, Trennungsgeschichten als Normalität anzusehen. Doch bleiben nach jedem Glück, das plötzlich vorbei sein soll, Fragen. Warum gerade jetzt? Warum leidet ein Teil, während der andere sich erlöst fühlt? Warum ist das, was einmal gut war, nicht fortsetzbar? Das Ende einer Liebesbeziehung ist nicht weniger rätselhaft als ihr Beginn.

Iso Camartin

So ein trunknes Paar Liebesseelen verfehlt das Ziel, grad wie zwei Rauschige, die einander nach Haus führen woll'n.

Johann Nestroy

Bittre Liebe

Lieben ist ein süßes Leiden,
wenn's nicht bitter wird durch Scheiden.
Bittres will ich dennoch leiden,
dass ich Süßes nicht darf meiden.

Friedrich von Logau

Unüberwindliche Abneigung, seinerseitige Grantigkeit, Z'widrigkeit, Sekkatur – an Scheidungsgründen fehlt's nie, wenn nur der gute Wille da is.

Johann Nestroy

Die Ehescheidung ist so natürlich, dass sie in nicht wenigen Familien jede Nacht zwischen den Ehegatten schläft.

Chamfort

Aber wer je geliebt hat, der weiß, daß es eine Kunst gibt, die der des Gewissens ebenbürtig ist: Die Kunst der Trennung.

Eugen Roth

Die meisten Ehen scheitern an den Verhältnissen. Aber es sind auch schon sehr schöne Verhältnisse an Ehen gescheitert.

Werner Schneyder

Die Eh' ist auf jeden Fall ein Trauerspiel, weil der Held oder die Heldin sterben muss, sonst wird's nicht aus.

Johann Nestroy

Die meisten Ehen scheitern an Unterhosen und Lockenwicklern.

Heinz Erhardt

Ehescheidung: Man braucht Abwechslung im Unverstandensein.

Werner Schneyder

Der Verlust einer (eines) Geliebten wirkt im ersten Augenblick so, als ob aus der Seele eine Zahnplombe herausgefallen wäre.

Anton Kuh

Ich habe beobachtet, dass eigentlich nur solche Ehen in die Brüche gehen, die wegen der Schönheit und aus Liebessehnsucht zustande gekommen sind: die Ehe braucht festere und dauerhaftere Grundlagen, große Behutsamkeit ist, wenn man sich zu ihr entschließt, vonnöten; kochende Liebesglut taugt dazu nicht.

Michel de Montaigne

Sich zur Aufmerksamkeit zwingen. – Sobald wir merken, dass jemand im Umgange und Gespräche mit uns sich zur Aufmerksamkeit zwingen muss, haben wir einen vollgültigen Beweis dafür, dass er uns nicht oder nicht mehr liebt.

Friedrich Nietzsche

Hochzeit und Scheidung – zwei glückliche Anlässe.
In beiden Fällen meint man, seine Lebensumstände verbessern zu können.

Werner Schneyder

Liebe kann nicht sterben – sie findet immer wieder einen Weg, dem Tode zu entrinnen.

Gertrud von Le Fort

Der Mensch sollte nach der ersten Liebe und der ersten Freundschaft sterben: so wäre doch das Leben ihm ein Leben.

Jean Paul

Es ist eine sehr angenehme Empfindung, wenn sich eine neue Leidenschaft in uns zu regen anfängt, ehe die alte noch ganz verklungen ist. So sieht man bei untergehender Sonne gern auf der entgegengesetzten Seite den Mond aufgehn und erfreut sich an dem Doppelglanze der beiden Himmelslichter.

Johann Wolfgang Goethe

Unerklärbar und geheimnisvoll

Es hat noch niemals auf der Erde ein Mensch von dem anderen »was gewusst«.

Wilhelm Raabe

Geheimnisse

Halte deine Liebe geheim, mein Herz!
Verbirg dein Geheimnis vor allen, die du siehst,
Und das Glück wird dir hold sein.

Wer seine Geheimnisse offenbart, ist ein Narr.
Schweigen und Verschlossenheit sind viel besser für dich,
Wenn du dich verliebst.

Khalil Gibran

Männer, die den Frauen nicht ihre kleinen Fehler vergeben, werden sich niemals an ihren großen Tugenden erfreuen.

Khalil Gibran

Es gibt keine Verstellung, die lange hindurch Liebe verbergen könnte, wo sie ist, oder vortäuschen, wo sie nicht ist.

La Rochefoucauld

Ohne Eitelkeit. – Wenn wir lieben, so wollen wir, dass unsere Mängel verborgen bleiben – nicht aus Eitelkeit, sondern weil das geliebte Wesen nicht leiden soll. Ja, der Liebende möchte ein Gott scheinen – und auch dies nicht aus Eitelkeit.

Friedrich Nietzsche

Liebe besteht darin, zu empfinden, daß man, sich selber zum Trotz, dem andern überlassen hat, was nur für einen selbst war.

Paul Valéry

LIEBE Um die Frage, wer wem Maß ist, geht es in der Liebe; um nichts sonst. Wer schneidert wem das Kleid zu, und wer muß es tragen, nicht wie irgend ein Kreuz nur auf der Schulter, sondern an jeder Stelle seines Seelenleibs? Und mit welchem Meisterbrief wird der eine, des andern Mode und Modus bestimmt zu haben, sich ausweisen vor Gott, und mit welcher Nacktheit der andere die Anlegung der Narrentracht begründen? Das sollen Liebende sich fragen, wenn sie mit ihrer Macht oder in ihrer Ohnmacht allein sind!

Albrecht Paris Gütersloh

In der Freundschaft wie in der Liebe ist man oft glücklicher durch das, was man nicht weiß, als durch das, was man weiß.

La Rochefoucauld

Eine unterdrückte oder zurückgedrängte Leidenschaft bricht hervor, die befriedigte Liebe versteht, sich zu verbergen.

Voltaire

Die höchsten Vorstellungen von der Liebe haben die Nichtgeliebten.

Gabriel Laub

Wer nie liebte, kann sich leicht einbilden, er liebe stets.

Friedrich Hebbel

Es gibt Leute, die nie verliebt gewesen wären, wenn sie nie von der Liebe hätten sprechen hören.

La Rochefoucauld

Jeder Mann liebt zwei Frauen; die eine ist die Schöpfung seiner Einbildungskraft, und die andere ist noch nicht geboren.

Khalil Gibran

Mit dem Erwachen der Liebe verläßt man den Kindergarten des Egoismus und kommt in seine Schule und Hochschule: man hört auf, gefällig zu sein, und wird endlich genießbar

Elazar Benyoëtz

Kein Mensch ist fähig, einen andern zu lieben, so wie er ist. Man verlangt Abänderungen, denn man liebt immer nur ein Phantom. Das Wirkliche kann nicht begehrt werden, denn es ist wirklich. Ich liebe dich … aber deine Nase, aber das Kleid, das du anhast …
Vielleicht liegt die Erfüllung erwiderter Liebe in der Leidenschaft, sich gegenseitig zu verwandeln und zu verschönern in einem Vorgang, der dem künstlerischen Akt vergleichbar wird – und der wie dieser irgendeine Quelle eigener Unendlichkeit aufspringen läßt.

Paul Valéry

Ich möchte noch etwas anfügen, obschon es hier nicht ganz am Platze ist, nämlich meinen Wunsch, daß Sie Ihren Gatten wegen der guten Eigenschaften ehren und achten lernen, die er wirklich besitzt, und daß Sie ihm nicht andere andichten, die er bestimmt nicht hat. Denn wenn letzteres auch allgemein als Zeichen der Liebe angesehen wird, so ist es doch in Wirklichkeit nichts als Affektiertheit oder ein schlechtes Urteilsvermögen.

Jonathan Swift

Man verliebt sich oft nur in einen Zustand des anderen, in seine Heiterkeit oder in seine Schwermut. Schwindet dieser Zustand dann, so ist damit auch der feine besondere Reiz jenes Menschen geschwunden. Daher die vielen Enttäuschungen.

Christian Morgenstern

Man kann auch diejenigen aus ganzem Herzen lieben, deren Mängel man wohl kennt. Es wäre überheblich zu glauben, dass einzig Vollkommene das Recht haben, uns zu gefallen. Mitunter verbinden uns Schwächen ebenso innig, wie es die Tugend vermag.

Vauvenargues

Augenblick und Bild

Sind wir matt, so merken wir erst recht nicht, was geschieht. Das erfuhr ein Mädchen, als es den Freund abholte, ihn nach langem wiedersah. Auf dem Weg nach Hause gab man ihr einen verspäteten Brief, den der Freund geschrieben hatte. Sogleich ließ das Mädchen den Freund beiseite und las die geschriebenen Worte, die ihr wichtiger waren als die eben gesprochenen. Unfähig, das Unmittelbare zu leisten, flüchtete sich das Mädchen in die Liebe als Brief. Floh das Erleben an sich, ging mitten darin in ein Äußeres über, in ein Erinnern oder bereits Gestelltes, das das unmittelbare Erleben ersetzte. Das war ihr leichter zu sehen als das Hier und Da, das nebelt und an dem wir uns nicht lange halten können.

Ernst Bloch

Vom Augenblick ab, wo man liebt, sieht selbst der Klügste kein Ding mehr so, wie es wirklich ist.

Stendhal

Mit der wahren Liebe ist es wie mit Gespenstererscheinungen: alle Welt spricht davon, aber wenige haben sie gesehen.

La Rochefoucauld

Wen die Liebe nicht stärker und besser gemacht hat, der war im Irrtum, als er irgendetwas anderes Liebe genannt hat.
So viel Liebe, so viel Kraft besser zu werden.

Michael Bauer

Geliebte Menschen sind Skizzen zu möglichen Gemälden.

Hugo von Hofmannsthal

Vergänglichkeit

Das Zeichen der wahren Liebe ist, daß sie vergeht. Unvergänglich ist nur die Illusion der Liebe. *Gabriel Laub*

Begrenzt ist das Leben, doch unerschöpflich die Liebe.
Ihara Saikaku

Die Liebe verzieht alles; der hübschste aller Satzfehler.
Ulrich Erckenbrecht

Man sollte beständig die Wirkung der Zeit und die Wandelbarkeit der Dinge vor Augen haben und daher bei allem, was jetzt stattfindet, sofort das Gegenteil davon imaginieren; also im Glücke das Unglück, in der Freundschaft die Feindschaft, im schönen Wetter das schlechte, in der Liebe den Hass, im Zutrauen und Eröffnen den Verrat und die Reue, und so auch umgekehrt, sich lebhaft vergegenwärtigen. Dies würde eine bleibende Quelle wahrer Weltklugheit abgeben, indem wir stets besonnen bleiben und nicht so leicht getäuscht werden würden. Meistens würden wir dadurch nur die Wirkung der Zeit antizipiert haben.
Arthur Schopenhauer

Kurzem Glücke zugewandt,
Brust an Brust und Hand in Hand.
Heute mag das Heute loben,
morgen ist es doch zerstoben.

Gerhart Hauptmann

Die Liebe dauert, wie alles heftige, nur eine Zeit lang. Sie ist Frühlingstrieb und Blüte und Frucht; alsdann kömmt eine andere Ordnung der Dinge.

Wilhelm Heinse

Jede Liebe ist Jugendliebe, je älter man wird, desto mehr

Elazar Benyoëtz

Die erste Liebe, sagt man mit Recht, sei die einzige: denn in der zweiten und durch die zweite geht schon der höchste Sinn der Liebe verloren. Der Begriff des Ewigen und Unendlichen, der sie eigentlich hebt und trägt, ist zerstört, sie erscheint vergänglich wie alles Wiederkehrende.

Johann Wolfgang Goethe

Er liebt jene Frau nicht mehr, die er vor zehn Jahren geliebt hat. Das glaube ich gern: Sie ist nicht mehr dieselbe, und er auch nicht. Er war jung und sie auch; nun ist sie ganz anders. So, wie sie damals war, würde er sie vielleicht noch lieben.

Blaise Pascal

Erste Liebe

Jeder junge Mensch gedenkt seiner ersten Liebe und bemüht sich, jene seltsame Stunde zurückzurufen, die seine tiefsten Gefühle verändert und ihn so glücklich gemacht hat, trotz der geheimnisvollen Bitterkeit.

Khalil Gibran

Jung gefreit, hat niemand gereut; kehrt man es aber um, so ist es – das gewöhnliche Schicksal solcher Sätze – mindestens ebenso richtig.

Theodor Fontane

Ihr Amor ist noch ein Gelbschnabel. Sie sind noch zu jung, um die Liebe in ihrer ganzen Schrecklichkeit zu kennen. Das kann man erst in späteren Jahren. In der Jugend ist die Liebe stürmischer, aber nicht so stark, so allmächtig wie später. Auch ist sie in der Jugend nicht so dauernd. Denn der Leib liebt mit, in der Jugend, und lechzt nach leiblichen Offenbarungen in der Liebe und leiht der Seele allen Ungestüm seines Blutes, die Überfülle seiner Sehnenkraft ... Später, wo diese aufhört, wo das Blut langsamer in den Adern sintert, wo der Leib nicht mehr verliebt ist, liebt die Seele ganz allein, die unsterbliche Seele, und da ihr die Ewigkeit zu Gebote steht, da sie nicht so gebrechlich ist wie der Leib, nimmt sie sich Zeit und liebt weit dauernder und stürzt sich furchtloser in die Abgründe der Leidenschaft.

Heinrich Heine

Liebe, die zwischen die Unbefangenheit und das Erwachen der Jugend hineintritt, gibt sich mit dem Besitzen zufrieden und wächst mit den Umarmungen. Jene Liebe aber, die im Schoß des Firmamentes ihren Ursprung hat und zusammen mit den Geheimnissen der Nacht zur Erde stieg, gibt sich mit nichts anderem als mit Ewigkeit und Unsterblichkeit zufrieden. Vor nichts steht sie in Ehrfurcht außer vor der Gottheit selbst.

Khalil Gibran

Unter welche Gattung der Dichtungen gehört denn also eigentlich die Lieb'? Es ist eine dramatische Idylle in einem Aufzug. Kurz, aber wunderschön! Und weil es zu kurz ist, deswegen wird halt das Stück so oft wiederholt; und es lasst sich leicht wiederholen, es macht keine Kosten; nur zwei Personen, man braucht keine Statisten, keine zahlreiche Umgebung dabei, schwache Beleuchtung, höchstens ein bissel Mondschein.

Johann Nestroy

Poesie ist die Sprache der Liebe, Prosa redet die Freundschaft; wer hat nicht in seiner Jugend einige erträgliche Verse gemacht! Aber wie wenige schreiben in männlichen Jahren gediegene Prosa!

Karl August Varnhagen von Ense

Die klassische Musik der Liebe ist in Dur, die romantische in Moll.

Hugo von Hofmannsthal

Die moderne Liebe ist schwache Melodie, überinstrumentiert.

Hugo von Hofmannsthal

Man kommt nun allgemach in die Jahre, wo man wahrnimmt, dass man nicht notwendig geliebt werden *muss*, und wo man schon zufrieden ist, dann und wann zu erkennen, dass man wenigstens noch geliebt werden *kann.*

Theodor Fontane

Seine Liebe war ewig. Als seine Frau starb, nahm er sich eine andere.

Wilhelm Busch

Wie schade, daß ewige Liebe immer so kurz ist.

Žarko Petan

Und fragst du mich, was mit der Liebe sei?
So sag ich dir: ich kann mich nicht erinnern.

Bertolt Brecht

Textnachweise

Druckfehler in den Vorlagen wurden stillschweigend korrigiert, Orthographie und Interpunktion in einigen Fällen behutsam vereinheitlicht und modernisiert

Alain: Das Glück ist hochherzig. Sechzig Propos. Übers. von Franz Joseph Krebs. Frankfurt a. M.: 1987. – © 1987 Suhrkamp Verlag, Frankfurt am Main.

Altenberg, Peter: Diogenes in Wien. Aphorismen, Skizzen und Geschichten. 2 Bde. Berlin: Verlag Volk und Welt, ²1982. [Zit. als: Altenberg, Diogenes.]

– Prodromos. Berlin: Fischer, ⁵1919.

Anders, Günther: Philosophische Stenogramme. München: Beck, 1965. – © 1965 Verlag C. H. Beck, München.

Antike Weisheit. Hrsg. von Marion Giebel. Stuttgart: Reclam, 1995.

Aristoteles: Nikomachische Ethik. Übers. von Franz Dirlmeier. Stuttgart: Reclam, 1969 [u. ö.].

Arnim, Gabriele von: Essen. Kleine Geschichte der Passionen. München: Deutscher Taschenbuch Verlag, 1998. – © 1998 Deutscher Taschenbuch Verlag, München.

Barthes, Roland: Fragmente einer Sprache der Liebe. Übers. von Hans-Horst Henschen. Frankfurt a. M.: Suhrkamp, 1984. – © 1984 Suhrkamp Verlag, Frankfurt am Main.

Bauer, Michael: Gesammelte Werke. Hrsg. von Christoph Rau. Bd. 4: Aphorismen und Fragmente. Stuttgart: Urachhaus, 1990.

Benjamin, Walter: Gesammelte Schriften. Unter Mitwirkung von Theodor W. Adorno und Gershom Scholem hrsg. von Rolf Tiedemann und Hermann Schweppenhäuser. Bd. 4.1: [Kleine Prosa. Baudelaire-Übersetzungen.] Hrsg. von Tillman Rexroth. Frankfurt a. M.: Suhrkamp, 1972. [Zit. als: Benjamin, Schriften.] – © 1985 Suhrkamp Verlag, Frankfurt am Main

– Einbahnstraße. Frankfurt a. M.: Suhrkamp, 1955. [Zit. als: Benjamin, Einbahnstraße.] – © 1955 Suhrkamp Verlag, Frankfurt am Main.

Benyoëtz, Elazar: Filigranit. Ein Buch aus Büchern. Göttingen: Steidl, 1992. – Mit Genehmigung von Elazar Benyoëtz, Jerusalem.

– Der Mensch besteht von Fall zu Fall. Aphorismen. Mit einem Nachwort von Friedemann Spicker. Leipzig: Reclam, 2002. [Zit. als: Benyoëtz, Der Mensch.]

Benyoëtz, Elazar: Die Zukunft sitzt uns im Nacken. Vom Menschen und seiner Ausgesprochenheit. München/Wien: Hanser, 2000. [Zit. als: Benyoëtz, Die Zukunft.] – © 2000 Carl Hanser Verlag, München und Wien.
Die Bibel oder die ganze Heilige Schrift des Alten und Neuen Testaments nach der deutschen Übersetzung D. Martin Luthers. Nach dem 1912 vom Deutschen Evangelischen Kirchenausschuß genehmigten Text. Stuttgart: Württembergische Bibelanstalt, [o. J.].
Bloch, Ernst: Das Prinzip Hoffnung. In fünf Teilen. Kapitel 43–55. Frankfurt a. M.: Suhrkamp, 1985. (Werkausgabe. Bd. 5.) – © 1959 Suhrkamp Verlag, Frankfurt am Main.
– Spuren. Neue erw. Ausg. Berlin / Frankfurt a. M.: Suhrkamp, 1959. – © 1959 Suhrkamp Verlag, Frankfurt am Main.
Börne, Ludwig: Sämtliche Schriften. 2 Bde. Neu bearb. und hrsg. von Inge und Peter Rippmann. Düsseldorf: Melzer, 1964. [Zit. als: Börne, Schriften.]
Brecht, Bertolt: Große kommentierte Berliner und Frankfurter Ausgabe in 30 Bänden. Hrsg. von Werner Hecht u. a. Bd. 11: Gedichte 1. Sammlungen 1. Bearb. von Jan Knopf. Frankfurt a. M.: Aufbau-Verlag / Suhrkamp, 1988. [Zit. als: Brecht, GBA.] – © 1988 Suhrkamp Verlag, Frankfurt am Main.
Brillat-Savarin, Jean-Anthelme: Physiologie des Geschmacks oder physiologische Anleitung zum Studium der Tafelgenüsse. Wien [u. a.]: Böhlau, 1984.
Busch, Wilhelm: Was beliebt ist auch erlaubt. Hrsg. von Rolf Hochhuth. München: Bertelsmann, [8]1996.
Butlar, Samuel: The Note-Books. Hrsg. von H. F. Jones. London 1912. Nachdr. London 1985. – Übers. von Friedemann Spicker.
Camartin, Iso: Graziendienst. Frankfurt a. M.: Suhrkamp, 1999. – © 1999 Suhrkamp Verlag, Frankfurt am Main.
Canetti, Elias: Aufzeichnungen 1942–1985. Die Provinz des Menschen. Das Geheimherz der Uhr. München/Wien: Hanser, 1993. – © 1973 Carl Hanser Verlag, München und Wien.
Claudius, Matthias: Ausgewählte Werke. Hrsg. von Walter Münz. Stuttgart: Reclam, 1990.
Dauthendey, Max: Gedichte. Auswahl und Nachwort von Gerhard Hay. Stuttgart: Reclam, 1969.
Doderer, Heimito von: Tangenten. Tagebuch eines Schriftstellers 1940–1950. München: Biederstein Verlag, 1964. – © 1964 Verlag C. H. Beck, München.

Ebner, Ferdinand: Schriften. Hrsg. von Franz Seyr. München: Kösel, 1963. [Zit. als: Ebner, Schriften.]
Bd. 1: Fragmente, Aufsätze, Aphorismen.
Bd. 2: Notizen, Tagebücher, Lebenserinnerungen.
Ebner-Eschenbach, Marie von: Aphorismen. Stuttgart: Reclam, 1988 [u. ö.].
Eckermann, Johann Peter: Aphorismen. Hrsg. von Sander L. Gilman. Berlin: Schmidt, 1984.
Ende, Michael: Zettelkasten. Skizzen und Notizen. Stuttgart/Wien: Weitbrecht, 1994. – © 1994 Piper Verlag GmbH, München.
Epikur: Über das Glück. Übers. und hrsg. von Séverine Gindro und David Vitali. Zürich: Diogenes, 1995. – © 1995 Diogenes Verlag AG, Zürich.
Erckenbrecht, Ulrich: Divertimenti. Wortspiele, Sprachspiele, Gedankenspiele. Göttingen: Muriverlag, 1999. – © 1999 Muriverlag, mit Genehmigung von Ulrich Erckenbrecht, Kassel.
Erhardt, Heinz: Besinnliches mit Sinn und Unsinn. Oldenburg: Fackelträger-Verlag, 2001. [Zit. als: Erhardt, Besinnliches.] – © 2002 Lappan Verlag, Oldenburg.
– Satierliches. Hannover: Fackelträger-Verlag, 1980. – © 2002 Lappan Verlag, Oldenburg.
[Farkas, Karl] Das große Karl Farkas Buch. Sein Leben, seine besten Texte, Conférencen und Doppelconférencen. Hrsg. von Georg Markus. Wien: Amalthea Verlag, 1993. – © 1983, 1993 by Amalthea Signum Verlag GmbH, Wien.
Feuchtersleben, Ernst von: »Ein Dienst zur Nacht ist unser Leben«. Eingel. und ausgew. von Theo Trummer. Graz/Wien: Stiasny, 1958.
Fontane, Theodor: Briefe an Georg Friedlaender. Hrsg. von Kurt Schreinert. Heidelberg: Quelle & Meyer, 1954. [Zit. als: Fontane, Briefe Friedlaender.]
Fontane zum Vergnügen. »Alles kommt auf die Beleuchtung an«. Hrsg. von Christian Grawe. Stuttgart: Reclam, 1994.
Französische Moralisten. La Rochefoucauld, Vauvenargues, Montesquieu, Chamfort. Aus dem Frz. übers. und hrsg. von Fritz Schalk. Zürich: Diogenes, 1995. – © 1992 Sammlung Dieterich Verlagsgesellschaft mbH, Berlin, Jahr des Ersterscheinens 1979.
Friedell, Egon: Ist die Erde bewohnbar? Theater, Feuilleton, Essay, Aphorismus, Erzählung. Hrsg. von Reinhard Lehmann. Berlin: Volk und Welt, 1990. Mit Genehmigung von Brunhilde Kotab, Kufstein. [Zit. als: Friedell, Erde.]

Friedell, Egon: Kultur ist Reichtum an Problemen. Extrakt eines Lebens gezogen und vorgesetzt von Heribert Illig. Zürich: Haffmans, 1989. – Mit Genehmigung von Brunhilde Kotab, Kufstein. [Zit. als: Friedell, Kultur.]

Frisch, Max: Tagebuch 1946–1949. Frankfurt a. M.: Suhrkamp, 1980. – © 1980 Suhrkamp Verlag, Frankfurt am Main.

Die ganze Welt steht auf der spitzen Zunge. Jüdische Sprichwörter. Hrsg. von Volker Dietzel. Wiesbaden: Fourier, 2003.

Geibel, Emanuel: Gesammelte Werke in acht Bänden. Stuttgart/ Berlin: Cotta, 1906. [Zit. als: Geibel, Werke.]

Gibran, Khalil: Das Reich der Ideen. Aphorismen und Betrachtungen. Hrsg. von Joseph Scheban. Übers. von Eva Hirsch. Olten / Freiburg i. Br.: Walter, [6]1989. – © 1982 Patmos Verlag GmbH & Co. KG / Walter, Düsseldorf und Zürich.

– Sand und Schaum. Aphorismen. Übers. von Frank-Roland Pohl. Zürich/Düsseldorf: Walter, 1999. [Zit. als: Gibran, Sand.] – © 1976, 1999 Patmos Verlag GmbH & Co. KG / Walter, Düsseldorf und Zürich.

Goethe, Johann Wolfgang: Artemis-Gedenkausgabe der Werke, Briefe und Gespräche zum 28. August 1949. Hrsg. von Ernst Beutler. Zürich [seit 1960: Zürich/Stuttgart]: Artemis-Verlag, 1949–71. [Zit. als: Goethe, GA.]
Bd. 1: Sämtliche Gedichte. Tl. 1: Die Gedichte der Ausgabe letzter Hand.

[Goethe, Johann Wolfgang:] Goethes Werke. Hrsg. im Auftrage der Großherzogin Sophie von Sachsen. [Weimarer Ausgabe.] Abt. IV: Briefe. 133 Bde. (in 143 Tln.). Weimar: Böhlau, 1887–1919. [Zit. als: WA.]

– Aus meinem Leben. Dichtung und Wahrheit. Hrsg. von Walter Hettche. Bd. 1: Text. Stuttgart: Reclam, 1991. [Zit. als: Goethe, DuW.]

– Faust. Der Tragödie erster Teil. Stuttgart: Reclam, 1986.

[Goethe, Johann Wolfgang:] Die Wahlverwandtschaften. Stuttgart: Reclam, 1956 [u. ö.]. [Zit. als: Goethe, Wahlverwandtschaften.]

– Wilhelm Meisters Lehrjahre. Hrsg. von Ehrhard Bahr. Stuttgart: Reclam, 1982 [u. ö.]. [Zit. als: Goethe, WM Lehrjahre.]

– Wilhelm Meisters Wanderjahre oder Die Entsagenden. Hrsg. von Ehrhard Bahr. Stuttgart: Reclam, 1982 [u. ö.]. [Zit. als: Goethe, WM Wanderjahre.]

Grillparzer, Franz: Sappho. Trauerspiel in fünf Aufzügen. Stuttgart: Reclam, 1981 [u. ö.].

Grün, Anastasius: Gesammelte Werke. Hrsg. von Ludwig August Frankl. Bd. 5. Berlin: Grote, 1877. [Zit. als: Grün, Werke.]

Gütersloh, Albert Paris: Der innere Erdteil. Aus den »Wörterbüchern«. München: Piper, 1966. – Mit Genehmigung von Wolfgang Hutter, Wien.

Handke, Peter: Am Felsenfenster morgens (und andere Ortszeiten 1982–1987). Salzburg/Wien: Residenz Verlag, 1998. – © 1998 Residenzverlag, Salzburg und Wien.

Hauptmann, Gerhart: Sämtliche Werke. Hrsg. von Hans-Egon Hass. [Zit. als: Hauptmann, Werke.]

Bd. 4: Lyrik und Versepik. Berlin: Propyläen, 1996. – © 1964 Ullstein Buchverlage GmbH, Berlin.

Bd. 6: Erzählungen. Theoretische Prosa. Berlin: Propyläen, 1996. – © 1965 Ullstein Buchverlage GmbH, Berlin.

Hebbel, Friedrich: Tagebücher in vier Bänden. Hrsg. von Hermann Krumm. Leipzig: Hesse & Becker, 1904. [Zit. als: Hebbel, Tagebücher 1904.]

– Werke in zehn Teilen. Hrsg. von Theodor Poppe. Tl. 9: Tagebücher 1. Berlin [u. a.]: Bong, [o. J.]. [Zit. als: Werke A.]

– Werke. Hrsg. von Gerhard Fricke [u. a.]. Bd. 5: Tagebücher 2. Briefe. München: Hanser, 1967. [Zit. als: Werke B.]

Heine, Heinrich: Sämtliche Werke. Hrsg. von Hans Kaufmann. Bd. 14: Kleine Schriften 1840–1856. Aphorismen und Fragmente. Testamente. München: Kindler, 1964. [Zit. als: Heine, SW.]

– Buch der Lieder. Hrsg. von Bernd Kortländer. Stuttgart: Reclam, 1990. [Zit. als: Heine, Buch der Lieder.]

– Die Bäder von Lucca. Die Stadt Lucca. Hrsg. von Peter von Matt. Stuttgart: Reclam, 1978 [u. ö.]. [Zit. als: Heine, Lucca.]

Heinse, Wilhelm: Sämmtliche Werke. Hrsg. von Carl Schüddekopf. Bd. 8.2: Aphorismen. Hrsg. von Albert Leitzmann. Leipzig: Insel-Verlag, 1925. [Zit. als: Heinse, Werke.]

Hesse, Hermann: Das Glasperlenspiel. Frankfurt a. M.: Suhrkamp, 2002. – © 1951 Suhrkamp Verlag, Frankfurt am Main.

Hille, Peter: Gesammelte Werke. Hrsg. von seinen Freunden. Bd. 2: Gestalten und Aphorismen. Berlin/Leipzig: Schuster und Loeffler, 1904. [Zit. als: Hille, GW 1904.]

– Gesammelte Werke in sechs Bänden. Hrsg. von Friedrich und Michael Kienecker. Bd. 5: Essays und Aphorismen. Wingen: Ludgerus Verlag, 1986. [Zit. als: Hille, Werke.]

Hofmannsthal, Hugo von: Aufzeichnungen. Hrsg. von Herbert Steiner. Frankfurt a. M.: Fischer, 1959.

Huch, Ricarda: Gesammelte Werke. Hrsg. von Wilhelm Emrich. Bd. 5: Im alten Reich. Lebensbilder deutscher Städte. Köln: Kiepenheuer und Witsch, 1967. [Zit. als: Huch, GW.] – Mit Genehmigung von Alexander Böhm, Rockenberg.

Jacob, Max: Der Würfelbecher. Gedichte in Prosa. Frankfurt a. M.: Suhrkamp, 1968. – © 1968 Suhrkamp Verlag, Frankfurt am Main.

Jean Paul: Ideen-Gewimmel. Texte & Aufzeichnungen aus dem unveröffentlichten Nachlaß hrsg. von Thomas Wirtz und Kurt Wölfel. Frankfurt a. M.: Eichborn, 1996.

– Titan. 2 Bde. Berlin/Weimar: Aufbau Verlag, 1986.

Kästner, Erich: Lärm im Spiegel. In: Gesammelte Schriften. Bd. 1: Gedichte. Zürich: Atrium Verlag, 1959. [Zit. als: Kästner, GS.] – © 1959 Atrium Verlag, Zürich, und Thomas Kästner.

Kafka, Franz: Briefe an Milena. Hrsg. von Jürgen Born und Michael Müller. Frankfurt a. M.: S. Fischer, 1983.

Kenkô: Draußen in der Stille. Klassische Erzählungen, Anekdoten und Aphorismen. Aus dem Japan. von Jürgen Berndt. Berlin: Ed. Q, 1993. – © 1993 be.bra Verlag GmbH, Berlin.

Kierkegaard, Søren: Gesammelte Werke. Übers. von Wolfgang Pfleiderer und Christoph Göttert. Bd. 1: Entweder/Oder. Ein Lebensfragment. Tl. 1. Hrsg. von Viktor Eremita. Jena: Diederichs, 1911.

Des Knaben Wunderhorn. Alte deutsche Lieder. Gesammelt von Achim von Arnim und Clemens Brentano. Krit. Ausg. Hrsg. und kommentiert von Heinz Rölleke. Stuttgart: Reclam, 1987.

Knigge für jedermann. Vom Umgang mit Menschen. Hrsg. von Jörg-Dieter Kogel. Frankfurt a.M.: Insel Verlag, 1996. [Zit. als: Knigge.]

Kraus, Karl: Aphorismen. Sprüche und Widersprüche – Pro domo et mundo – Nachts. Frankfurt a. M.: Suhrkamp, 1986. (Schriften. Bd. 8.) – © 1986 Suhrkamp Verlag, Frankfurt am Main.

Kuh, Anton: Von Goethe abwärts. Aphorismen, Essays, Kleine Prosa. Wien [u. a.]: Forum Verlag, 1963.

La Bruyère, Jean de: Die Charaktere oder Die Sitten des Jahrhunderts. Übers. und hrsg. von G. Hess. Bremen [5]1978. – © 1992 Sammlung Dieterich Verlagsgesellschaft mbH, Berlin, Jahr des Ersterscheinens 1940.

La Rochefoucauld: Maximen und Reflexionen. Übers. von Konrad Nussbächer. Stuttgart: Reclam, 1948 [u. ö.].

Laub, Gabriel: Denken verdirbt den Charakter. Alle Aphorismen. München: Hanser, 1984. – © 1996 Sanssouci im Carl Hanser Verlag, München und Wien.

Lec, Stanisław Jerzy: Sämtliche unfrisierte Gedanken. Dazu Prosa und Gedichte. Hrsg. und aus dem Poln. übers. von Karl Dedecius. Zürich: Sanssouci Verlag, 1999. – © 2000 Sanssouci im Carl Hanser Verlag, München und Wien.

Le Fort, Gertrud von: Gedichte und Aphorismen. München: Ehrenwirth, 1984. – © 1988 Verlagsgruppe Lübbe GmbH & Co. KG, Bergisch Gladbach.

Lenau, Nikolaus: Werke und Briefe. Hrsg. im Auftrag der Internationalen Lenau-Gesellschaft von Helmut Brandt [u.a.]. Bd. 7: Aufzeichnungen. Vermischte Schriften. Bearb. von Norbert Otto Flake, Norbert Oellers [u. a.]. Wien: Deuticke, 1993. [Zit. als: Lenau, Werke.]

Lichtenberg, Georg Christoph: Aphorismen. Ausgew. und eingel. von Friedrich Sengle. Stuttgart: Reclam, 1953 [u. ö.].

Liebesgedichte aus aller Welt. Hrsg. von Evelyne Polt-Heinzl und Christine Schmidjell. Stuttgart: Reclam, 2001 [u. ö.].

Logau, Friedrich von: Deutsche Sprüche. München: Piper, 1916.

Machiavelli, Niccolo: Gesammelte Schriften in fünf Bänden. Unter Zugrundelegung der Übers. von Johann Ziegler und Franz Nicolaus Baur hrsg. von Hanns Floerke. Bd. 5: Historische Fragmente. Komödien. Briefe. München: Müller, 1925. [Zit. als: Machiavelli, Schriften.]

[Mirza-Schaffy:] Die Lieder des Mirza-Schaffy. Mit einem Prolog von Friedrich Bodenstedt. Berlin: Decker, 1890.

Montaigne, Michel de: Die Essais. Ausgew., übers. und eingel. von Arthur Franz. Stuttgart: Reclam, 1953 [u. ö.]. [Zit. als: Montaigne 1953.]

– Essais. 3 Bde. Nach der Ausg. von Pierre Coste ins Dt. übers. von Johann Daniel Tietz. [1753/54.] Zürich: Diogenes, 1992. [Zit als: Montaigne 1753/54.]

Morgenblatt für gebildete Stände 7 (1813). Stuttgart: Cotta, 1813. [Zu Karl August Varnhagen von Ense; zit. als: Morgenblatt.]

Morgenstern, Christian: Werke in vier Bänden. Hrsg. von Clemens Heselhaus. Bd. 3: Aphorismen, Sprüche und andere Aufzeuchnungen. München/Zürich: Piper, 1979.

Nestroy zum Vergnügen. »Die Welt steht auf kein' Fall mehr lang«. Stuttgart: Reclam, 1995.

[Nestroy, Johann Nepomuk] »Wenn alle Stricke reißen, häng ich mich auf«. Ein Nestroy-Brevier. Hrsg. von Petra Maria Vohler. München: Heyne, 2001. [Zit. als: Nestroy, Brevier.]
Nietzsche, Friedrich: Jenseits von Gut und Böse. Vorspiel einer Philosophie der Zukunft. Stuttgart: Reclam, 1988 [u.ö.]. [Zit. als: Nietzsche, Jenseits.]
– Die fröhliche Wissenschaft. Stuttgart. Reclam, 2000. [Zit. als: Nietzsche, FW.]
– Menschliches Allzumenschliches. Ein Buch für freie Geister. Stuttgart: Kröner, 91993. [Zit. als: Nietzsche, MA.]
Nordische Miszellen. Bd. 1. Hamburg: Braun, 1804. [Zu Karl August Varnhagen von Ense; zit. als: Nord. Misz.]
Novalis: Aphorismen. Hrsg. von Michael Brucker. Frankfurt a. M.: Insel Verlag, 1992.
– Fragmente und Studien. Die Christenheit in Europa. Hrsg. von Carl Paschek. Stuttgart: Reclam, 1984 [u.ö.]. [Zit. als: Novalis, Fragmente.]
Ovid: Amores/Liebesgedichte. Lat./Dt. Übers. und hrsg. von Michael von Albrecht. Stuttgart: Reclam, 1997. [Zit. als: Ovid, Liebesgedichte.]
– Ars amatoria / Liebeskunst. Lat./Dt. Übers. und hrsg. von Michael von Albrecht. Stuttgart: Reclam, 1992. [Zit. als: Ovid, Liebeskunst.]
Pascal, Blaise: Gedanken über die Religion und einige andere Themen. Hrsg. von Jean-Robert Armogathe. Übers. von Ulrich Kunzmann. Stuttgart: Reclam, 1997.
Petan, Žarko: Mit leerem Kopf nickt es sich leichter. Satirische Aphorismen. Aus dem Slowen. von Mikolaj Dutsch und Drago Grah. Klagenfurt/Wien: Kitab Verlag, 2004. – © 2004 Verlag Styria, Klagenfurt und Wien.
Plutarch: Werke. Bd. 23: Moralische Schriften 4. Übers. von Johann Christian Felix Bähr. Stuttgart. Metzler, 1829.
Reclams Zitatenlexikon. Von Johannes Kuhn. 5., erw. Aufl. Stuttgart: Reclam, 2002.
Raabe, Wilhelm: Notizen und Lebensrückblick. In: W. R.: Gesammelte Werke in drei Bänden. Hrsg. von Hans Jürgen Meinerts. Bd. 3. Gütersloh: Mohn, [1962]. [Zit. als: Raabe, GW.]
Rilke, Rainer Maria: Die Aufzeichnungen des Malte Laurids Brigge. Kommenteirte Ausg. Hrsg. von Manfred Engel. Stuttgart: Reclam, 1997. [Zit. als: Rilke, Malte.]
– Lektüre für Minuten. Gedanken aus seinen Büchern und Brie-

fen. Ausgew. von Ursula und Volker Michels. Frankfurt a. M.: Insel Verlag, 1988. [Zit. als: Rilke, Lektüre.]
Rilke, Phia (d.i. Sophia): Ephemeral aphorisms. Riverside (CA): Ariadne Press, 1998.
Roth, Eugen: Sämtliche Werke. Bd. 8: Anekdoten und Erinnerungen 2. München/Wien: Hanser, 1977. – Mit Genehmigung von Thomas Roth, München.
Rückert, Friedrich: Gedichte. Hrsg. von Walter Schmitz. Stuttgart: Reclam, 1988 [u. ö.].
Russell, Bertrand: Ehe und Moral. Darmstadt: Verlag Darmstädter Blätter, ²1984. – © 1984 Verlag Darmstädter Blätter, Schwarz & Co., Darmstadt.
Sand, George: Nimm Deinen Mut in beide Hände. Briefe. Übers. und hrsg. von Annelore Haberl. München: Deutscher Taschenbuch Verlag, 1990. – © 1990 Deutscher Taschenbuch Verlag, München.
Schiller, Friedrich: Gedichte. Hrsg. von Norbert Oellers. Stuttgart: Reclam, 1999 [u.ö.].
Schneyder, Werner: Zeitspiel. Wien: Kremayr & Scheriau, 1997. – © 1997 Verlag Kremayr & Scheriau / Orac, Wien.
Schnitzler, Arthur: Aphorismen und Betrachtungen. Hrsg. von Robert O. Weiss. Bd. 2: Der Geist im Wort und der Geist in der Tat. Frankfurt a. M.: Fischer, 1993.
Schopenhauer, Arthur: Aphorismen zur Lebensweisheit. Hrsg. von Arthur Hübscher. Stuttgart: Reclam, 1949 [u. ö.].
Schröder, Rudolf Alexander: Aphorismen und Reflexionen. Ausw. und Nachw. von Richard Exner. Frankfurt a.M.: Suhrkamp, 1977. – © 1977 Suhrkamp Verlag, Frankfurt am Main.
Seneca: Epistulae morales ad Lucilium / Briefe an Lucilius. Lat./ Dt. Liber I / 1. Buch. Übers. und hrsg. von Franz Loretto. Stuttgart: Reclam, 1977 [u.ö.]. [Zit. als: Seneca, Epistulae.]
Seneca-Brevier. Übers. und hrsg. von Ursula Blank-Sangmeister. Stuttgart: Reclam, 1996.
Shaw, [George] Bernard: Mensch und Übermensch. Übers. von Siegfried Trebitsch. Zürich: Artemis-Verlag, 1946. – © 1991 Suhrkamp Verlag, Frankfurt am Main.
Sonka (d. i. Hugo Sonnenschein): Terrhan oder Der Traum von meiner Erde. Wien/Darmstadt: Zsolnay, 1988. – © 1988 Paul Zsolnay Verlag, Wien.
Spinoza, Baruch de: Kurze Abhandlung von Gott, dem Menschen und dessen Glück. Auf der Grundlage der Übers. von Carl Gebhardt hrsg. von Wolfgang Bartuschat. Hamburg: Meiner, ⁵1991.

Stendhal: Von der Liebe. Hrsg. von Arthur Schurig. Leipzig: Insel-Verlag, 1922.

Stifter, Adalbert: Gesammelte Werke in sechs Bänden. Hrsg. von Michael Benedikt und Herbert Hornstein. Bd. 1: Studien 1–3. Gütersloh: Bertelsmann, 1956. [Zit. als: Stifter, Werke.]

– Abdias. Erzählung. Stuttgart: Reclam, 1970 [u. ö.].

– Der Kondor. Das Heidedorf. Stuttgart: Reclam, 1966 [u. ö.].

Storm, Theodor: Gedichte. Hrsg. von Gunter Grimm. Stuttgart: Reclam, 1978 [u. ö.].

Swift, Jonathan: Ausgewählte Werke in drei Bänden. Hrsg. von Anselm Schlösser. Bd. 1: Satiren und Zeitkommentare. Übers. von Gottfried Graustein und Otto Wilck. Frankfurt a. M.: Insel Verlag, 1972. [Zit. als: Swift, Werke.] – © 1967 Aufbau Verlag, Berlin und Weimar.

Thomas von Aquin: Sentenzen. Übers. von Josef Pieper. München: Kösel, 1965.

Tucholsky, Kurt: Gesammelte Werke in 10 Bänden. Hrsg. von Mary Gerold-Tucholsky und Fritz J. Raddatz. Bd. 4: 1925–1926. Reinbek: Rowohlt, 1996. [Zit. als: Tucholsky, Werke.] – © 1960 Rowohlt Verlag GmbH, Reinbek bei Hamburg.

– Gesamtausgabe. Texte und Briefe. Hrsg. von Antje Bonitz, Dirk Grathoff [u. a.]. Bd. 14: Texte 1931. Hrsg. von Sabina Becker. Reinbek: Rowohlt, 1998. [Zit. als: Tucholsky, GA.] – © 1960, 1975, 1985, 1989, 1998 Rowohlt Verlag GmbH, Reinbek bei Hamburg.

Valéry, Paul: Werke. Frankfurter Ausgabe. Hrsg. von Jürgen Schmidt-Radefeldt. Bd. 5: Zur Theorie der Dichtkunst und Vermischte Schriften. Frankfurt a. M.: Insel Verlag, 1991. – © 1991 Insel Verlag, Frankfurt am Main.

– Schlimme Gedanken und andere. Übers. von Werner Riemerschmid. Frankfurt a. M.: Insel-Verlag, 1963. – © 1963 Insel Verlag, Frankfurt am Main.

Varnhagen, Rahel: Briefe und Aufzeichnungen. Hrsg. von Dieter Bähtz. Frankfurt a. M.: Insel Verlag, 1986. [Zit. als: Varnhagen, Briefe.]

Vauvenargues: Große Gedanken entspringen im Herzen. Seine Maximen. Hrsg. von Wolfgang Kraus. Übers. von Candida Kraus. Zürich: Diogenes Verlag, 1992. – © 1992 Diogenes Verlag AG, Zürich.

Voltaire: Gedanken regieren die Welt. Eine Auswahl aus dem Gesamtwerk. Hrsg. von Wolfgang Kraus. Übers. von Candida

Kraus. Zürich: Diogenes, 1987. – © 1987 Diogenes Verlag AG, Zürich.
Die Weisheit der Heiligen. Ein Brevier. Hrsg. von Johanna Lanczkowski. Stuttgart: Reclam, 1991.
Weisheit des Islam. Ausgew., übers. und hrsg. von Annemarie Schimmel. Stuttgart: Reclam, 2003.
[Wilde, Oscar] Oscar Wilde zum Vergnügen. »Mein Name ist Prinz Paradox«. Hrsg. von Ulrich Horstmann. Stuttgart: Reclam, 2000.

Liebe ist …

9 **1** La Rochefoucauld, S. 12 **2** Heine, Lucca, S. 37 **3** Gibran, Reich der Ideen, S. 59 **4** Valéry, Werke 5, S. 266
10 **1** Thomas von Aquin, S. 41 **2** Claudius, S. 290 **3** Die Bibel (1. Kor. 13,4, 13,7) **4** Gibran, Reich der Ideen, S. 58

Abenteuer

11 **1** Sonka, S. 8 **2** Sand, S. 286 **3** Stendhal, S. 59 **4** Eckermann, S. 61
12 **1** Butler, S. 227 **2** Kenkô, S. 259 **3** Hille, Werke 5, S. 386 **4** Gibran, Reich der Ideen, S. 88
13 **1** Goethe, Wahlverwandtschaften, S. 164 **2** Benyoëtz, Der Mensch, S. 104 **3** La Rochefoucauld, S. 41 **4** La Bruyère, S. 97 **5** Gibran, Sand, S. 31 **6** Machiavelli, Schriften 5, S. 435
14 **1** Benjamin, Einbahnstraße, S. 67 **2** Weisheit des Islam, S. 233

Aufeinander zugehen

15 **1** Hofmannsthal, S. 14 **2** Goethe, WA IV,1, S. 237 **3** Rilke, Lektüre, S. 56 **4** Hebbel, Werke B 5, S. 64
16 **1** Rilke, Lektüre, S. 69 **2** Demokrit, S. 35 **3** Seneca, Epistulae I, S. 41 **4** Benyoëtz, Filigranit, S. 35 **5** Bauer, Werke 4, S. 79
17 **1** Stifter, Abdias, S. 61 f. **2** Rilke, Lektüre, S. 55 f.

18 1 Sand, S. 284 2 Novalis, Fragmente, S. 28 3 Hofmannsthal, S.25 4 Benyoëtz, Der Mensch, S. 103 5 Ebner-Eschenbach, S. 5

19 1 Valéry, Schlimme Gedanken, S. 59 2 Ovid, Liebesgedichte, S. 41 3 Hebbel, Werke A 9, S. 156 f. 4 Benjamin, Schriften 4.1, S. 119 5 Vauvenargues, S. 119

20 1 Friedell, Kultur, S. 51 2 Altenberg, Prodromos, S. 83 3 Handke, S. 211 4 Fontane zum Vergnügen, S. 74 5 Petan, S. 72

Ausschließlichkeit

21 1 Goethe, Wahlverwandtschaften, S. 86 2 Montaigne 1953, S. 303 3 Französische Moralisten, S. 412 4 Novalis, Fragmente, S. 16 5 Canetti, S. 283 6 Benyoëtz, Der Mensch, S. 107

22 1 Handke, S. 349 2 Benyoëtz, Die Zukunft, S. 73 3 Stendhal, S. 448 4 Ebner-Eschenbach, S. 8 5 Französische Moralisten, S. 421 6 Benyoëtz, Filigranit, S. 35 7 Handke, S. 241

23 1 Die Weisheit der Heiligen, S. 84 2 Valéry, Werke 5, S. 331 3 Feuchtersleben, S. 67 4 Stendhal, S. 170

24 1 Nietzsche, Jenseits, S. 72 2 Hille, Werke 5, S. 386 3 Benyoëtz, Der Mensch, S. 111 4 Valéry, Werke 5, S. 215

Du allein

25 1 Lenau, Werke 7, S. 281 2 Hebbel, Tagebücher 1904, 2, S. 5 3 Rilke, Lektüre, S. 123 4 Hille, Werke 5, S. 370 5 Weisheit des Islam, S. 235 6 Gibran, Reich der Ideen, S. 56

26 1 Voltaire, S. 112 2 Valéry, Werke 5, S. 276 3 Le Fort, S. 116 4 Börne, Schriften 1, S. 149 5 Goethe, GA 1, S. 50

27 1 Weisheit des Islam, S. 235 2 Bauer, Werke 4, S. 79 3 Ebner, Schriften 2, S. 170 4 Gibran, Sand, S. 32

28 1 Weisheit des Islam, S. 233 2 Heine, Buch der Lieder, S. 100 3 Rilke, Malte, S. 172 4 Goethe, WM Lehrjahre, S. 243 5 Feuchtersleben, S. 50

29 1 Heine, Buch der Lieder, S. 85 2 Reclams Zitatenlexikon,

S. 280 3 Benyoëtz, Die Zukunft, S. 74 4 Schröder, S. 59 5 Goethe, DuW, S. 490 6 Erckenbrecht, S. 138

30 1 Jean Paul, Titan 1, S. 159 2 Benyoëtz, Die Zukunft, S. 73

Der schönste Tag im Leben

31 1 Plutarch, Werke 23, S. 399 2 Plutarch, Werke 23, S. 411 3 Nord. Misc. 1, S. 187.

32 1 Heine, SW 14, S. 167 2 Knigge, S. 66 3 Tucholsky, GA 14, S. 45 (2 Schnipsel)

33 1 Weisheit des Islam, S. 76f.

34 1 Lenau, Werke 7, S. 281 2 GW 1904, 2, S. 192 3 Nestroy zum Vergnügen, S. 56 4 Phia Rilke, S. 58 5 Laub, S. 97 6 Heinse, Werke 8.2, S. 233 7 Die ganze Welt, S. 91

35 1 Nestroy zum Vergnügen, S. 55 2 Oscar Wilde zum Vergnügen, S. 69 3 Ebner-Eschenbach, S. 15 4 Französische Moralisten, S. 421 5 Plutarch, Werke 23, S. 399f.

36 1 Nestroy, Brevier, S. 31

Gemeinsamkeit

37 1 Storm, S. 82 2 Shaw, S. 329 3 Hille, Werke 5, S. 385 4 Nestroy zum Vergnügen, S. 56 5 Hebbel, Werke A 9, S. 167 6 Morgenstern, Werke 3, S. 70

38 1 Fontane zum Vergnügen, S. 124 2 Knigge, S. 67f.

39 1 Brillat-Savarin, S. 172 2 Novalis, Aphorismen, S. 103 3 Arnim, S. 129

40 1 Hofmannsthal, S. 26 2 Plutarch, Werke 23, S. 406 3 Französische Moralisten, S. 416

41 1 Fontane zum Vergnügen, S. 124 2 Farkas, S. 290 3 Swift, Werke 1, S. 502 4 Ebner-Eschenbach, S. 27 5 Hille, GW 1904, 2, S. 192 6 Ebner-Eschenbach, S. 55

42 1 Lichtenberg, S. 131 2 Lec, S. 412 3 Montaigne 1953, S. 304 4 Nietzsche, MA 1, S. 265 5 Swift, Werke 1, S. 446f.

43 1 Fontane, Briefe Friedlaender, S. 290

44 1 Busch, S. 868 2 Canetti, S. 143 3 Aristoteles, S. 236f.

45 1 Fontane zum Vergnügen, S. 156 2 Jean Paul, Ideen-Ge-

wimmel, S. 129 3 Hille, Werke 5, S. 384 4 Feuchtersleben, S. 69

46 1 Plutarch, Werke 23, S. 411 2 Bloch, Prinzip Hoffnung, S. 1129f. 3 Ebner-Eschenbach, S. 46 4 Jean Paul, Titan 1, S. 159

47 1 Fontane zum Vergnügen, S. 23 2 Jean Paul, Titan 1, S. 158 f. 3 Hauptmann, Werke 6, S. 1010 4 Swift, Werke 1, S. 514 5 Ebner-Eschenbach, S. 50

48 1 La Rochefoucauld, S. 26

Herzensangelegenheit

49 1 Goethe, WM Lehrjahre, S. 72 2 La Rochefoucauld, S. 12 3 Bauer, Werke 4, S. 50 4 Goethe, Wahlverwandtschaften, S. 164

50 1 Voltaire, S. 111 2 Französische Moralisten, S. 416 3 Gibran, Sand, S. 31 4 Hebbel, Tagebücher 1904, 1, S. 231 5 Französische Moralisten, S. 420 5 Geibel, Werke 3, S. 196 6 Kenkô, S. 18 f.

51 1 Schnitzler, S. 54 2 Gibran, Sand, S. 31 3 Jean Paul, Titan 2, S. 343

52 1 Schneyder, S. 12 2 Alain, S. 153 3 Nestroy, Brevier, S. 26 4 Morgenblatt 7, S. 1063 (6. November 1813)

Leidenschaft

53 1 Japanische Weisheit, S. 145 2 Lec, S. 420 3 Voltaire, S. 112 4 Nietzsche, FW, S. 86 5 Jacob, S. 28

54 1 Die Bibel (Spr. 5,19) 2 Lenau, Werke 7, S. 281 3 Die Bibel (Hld. 1,2) 4 Lenau, Werke 7, S. 281 5 Valéry, Werke 5, S. 330f.

55 1 Voltaire, S. 111f. 2 Hille, Werke 5, S. 383

56 1 Busch, 873 2 Nestroy, Brevier, S. 26 3 Kuh, S. 301 4 Laub, S. 88

57 1 Valéry, Schlimme Gedanken, S. 58 2 Kuh, S. 301 3 Schneyder, S. 12 4 Laub, S. 86 5 Knigge, S. 68

Liebesleid

59 1 Ovid, Liebeskunst, S. 93 2 Petan, S. 76 3 Gibran, Sand, S. 34 4 Goethe, Faust, S. 99 5 Nestroy, Brevier, S. 24 6 Schnitzler, S. 166

60 1 Le Fort, S. 110 2 Kafka, S.263 3 Ebner-Eschenbach, S. 5 4 Goethe, WA IV,1, S.236f. 5 Novalis, Aphorismen, S. 141

61 1 Rückert, S. 201 2 Grillparzer, S. 49 3 Handke, S. 76

62 1 Morgenstern, Werke 3, S. 212 2 Ebner-Eschenbach, S. 29 3 Le Fort, S. 111 4 Valéry, Schlimme Gedanken, 152 5 Die Bibel (Hld. 2,5) 6 La Rochefoucauld, S. 59

63 1 Börne, Schriften 2, S.94 2 La Rochefoucauld, S. 3 3 Gibran, Das Reich der Ideen, S. 59 4 Mirza-Schaffy, S. 278 5 Morgenstern, Werke 3, S. 203 6 La Rochefoucauld, S. 59

64 1 Anders, S. 14f.

65 1 Canetti, S. 279 2 Hebbel, Tagebücher 1904, 3, S. 251 3 Spinoza, S. 67

66 1 Stifter, Kondor, S. 10 2 Canetti, S. 17

Missverständnis

67 1 Lec, S. 30 2 Nietzsche, MA 1, S. 267 3 Petan, S. 60 4 Altenberg, Diogenes in Wien 2, S. 73 5 Friedell, Erde, S. 423

68 1 Valéry, Schlimme Gedanken, S. 57 2 Bauer, Werke 4, S. 78 3 Voltaire, S. 109 4 Hebbel, Tagebücher 1904, 1, S. 195 5 Schneyder, S. 11

69 1 Hofmannsthal, S. 28 2 Nestroy zum Vergnügen, S. 47 3 Laub, S. 88 4 Frisch, S. 31 5 Canetti, S. 81 6 Friedell, Kultur, S. 51

70 1 Französische Moralisten, S. 415 2 Laub, S. 83 3 Ebner, Schriften 1, S. 40 4 Nietzsche, Jenseits, S. 86 5 Morgenstern, Werke 3, S. 22

71 1 Laub, S. 89 2 La Rochefoucauld, S. 46 3 Japanische Weisheit, S. 156 4 La Rochefoucauld, S. 13 5 Heinse, Werke 8.2, S. 215 6 Hofmannsthal, S. 9

72 1 Ebner, Schriften 2, S. 71 2 Vauvenargues, S. 119 3 Oscar Wilde zum Vergnügen, S. 19 4 Phia Rilke, S. 36

5 Swift, Werke 1, S. 514 6 Hebbel, Tagebücher 1904, 4, S. 29
73 1 Morgenstern, Werke 3, S. 14 2 Anders, S. 16
74 1 Shaw, S. 335 2 Laub, S. 87 3 Oscar Wilde zum Vergnügen, S. 69
75 1 Friedell, Erde, S. 423 2 Nietzsche, Jenseits, S. 75
3 Ebner: Schriften 2, S. 214 4 Stifter, Werke 1, S. 93 (Feldblumen) 5 Bloch, Spuren, 106 f.

Sehnsucht

77 1 Barthes, S. 196 2 Dauthendey, S. 31 3 Kenkô, S. 11
78 1 Weisheit des Islam, S. 234 2 Liebesgedichte aus aller Welt, S. 160 3 Schiller, 69 (Das Lied von der Glocke)
4 Des Knaben Wunderhorn 1, S. 205 (Wenn ich ein Vöglein wär)
79 1 Grün, Werke 5, S. 142 2 Benyoëtz, Der Mensch, S. 104 3 Kenkô, S. 160 4 Huch, S. 60 (Liebesreime IX)

Seitensprung

80 1 Farkas, S. 295 2 Erhardt, Besinnliches, S. 16 3 Grün, Werke 5, S. 142 4 Plutarch, Werke 23, S. 416
81 1 Farkas, S. 294 2 Voltaire, S. 109 3 Farkas, S. 295
4 Erckenbrecht, S. 160 5 Schneyder, S. 11
82 1 Seneca-Brevier, S. 222 2 Französische Moralisten, S. 416 3 Oscar Wilde zum Vergnügen, S. 38
83 1 Seneca-Brevier, S. 85 2 Fontane zum Vergnügen, S. 124 3 Oscar Wilde zum Vergnügen, S. 37
84 1 Französische Moralisten, S. 416 2 Tucholsky, Werke 4, S. 365 (»Nationales«)

Stolpersteine

85 1 Rilke, Malte, S. 194 2 Montaigne 1753/54, 2, S. 811
3 La Rochefoucauld, S. 39 4 La Rochefoucauld: S. 48
5 Swift, Werke 1, S. 514 6 Japanische Weisheit, S. 148
7 Tucholsky GA 14, S. 436 f. (2 Schnipsel)

86 1 Handke, S. 391 2 Grün, Werke 5, S. 143 3 Kraus, S. 186 4 La Rochefoucauld, S. 52 5 Varnhagen, Briefe, S. 308

87 1 Altenberg, Diogenes 1, S. 37 2 Jean Paul, Ideen-Gewimmel, S. 248 3 Swift, Werke 1, S. 515 4 Tucholsky, Werke 4, S. 81 (aus: »Sieben Gespenster«)

88 1 Erckenbrecht, S. 138 2 Petan, S. 99 3 Weisheit des Islam, S. 232

89 1 Le Fort, S. 111 2 La Rochefoucauld, S. 41 3 Epikur, S. 66 4 La Rochefoucauld, S. 13 5 Ende, S. 148 6 Lec, S. 140

90 1 Ebner-Eschenbach, S. 31 2 Hesse, S. 482 3 La Rochefoucauld, S. 13 4 La Bruyère, S. 100 5 Japanische Weisheit, S. 148 6 Vauvenargues, S. 25

91 1 Gibran, Sand, S. 34 2 Phia Rilke, S. 92 3 Kołakowski, S. 42 4 Gibran, Reich der Ideen, S. 58 5 Hebbel, Tagebücher 1904, 1, S. 101

92 1 Doderer, S. 549 2 Anders, S. 120f.

93 1 Nietzsche, MA 2, S. 127 2 Le Fort, S. 139 3 Phia Rilke, S. 100

Trennung

94 1 Nietzsche, MA 2, S. 289 2 Die Bibel (Mt. 19,6) 3 Rilke, Lektüre, S. 73 4 Kästner, GS 1, S. 101 5 Russell, S. 93

95 1 Camartin, S. 159 2 Nestroy zum Vergnügen, S. 52 3 Logau, S. 19

96 1 Nestroy zum Vergnügen, S. 56 2 Französische Moralisten, S. 420 3 Roth, Werke 8.2, S. 168 4 Schneyder, S. 12 5 Nestroy zum Vergnügen, S. 118 6 Erhardt, Satierliches, S. 95

97 1 Schneyder, S. 12 2 Kuh, S. 303 3 Montaigne 1953, S. 304 4 Nietzsche, MA 2, S. 119 5 Schneyder, S. 12

98 1 Le Fort, S. 111 2 Jean Paul, Ideen-Gewimmel, S. 231 3 Goethe, DuW, S. 602f.

Unerklärbar und geheimnisvoll

99 1 Raabe, GW 3, S. 985 2 Gibran, Reich der Ideen, S. 81 3 Gibran, Sand, S. 34 4 La Rochefoucauld, S. 12
100 1 Nietzsche, FW, S. 179 2 Valéry, Werke 5, S. 311 3 Gütersloh, S. 142 4 La Rochefoucauld, S. 62
101 1 Voltaire, S. 110 2 Laub, S. 89 3 Hebbel, Tagebücher 1904, 2, S. 65 4 La Rochefoucauld, S. 21 5 Gibran, Sand, S. 34 6 Benyoëtz, Der Mensch, S. 108
102 1 Valéry, Werke 5, S. 311 2 Swift, Werke 1, S. 452 3 Morgenstern, Werke 3, S. 187
103 1 Vauvenargues, S. 41 2 Bloch, Spuren, 146 3 Stendhal, S. 75
104 1 La Rochefoucauld, S. 13 2 Bauer, Werke 4, S. 79 3 Hofmannsthal, S. 27

Vergänglichkeit

105 1 Laub, S. 86 2 Japanische Weisheit, S. 148 3 Erckenbrecht, S. 124 4 Schopenhauer, S. 207
106 1 Hauptmann, Werke 4, S. 341 2 Heinse, Werke 8, S. 178 3 Benyoëtz, Der Mensch, S. 105 4 Goethe, DuW, S. 621 5 Pascal, S. 377
107 1 Gibran, Reich der Ideen, S. 30 2 Fontane zum Vergnügen, S. 124 3 Heine, Werke 14, S. 165
108 1 Gibran, Reich der Ideen, S. 59 2 Nestroy, Brevier, S. 24 3 Nord. Misz. 1, S. 14 4 Hofmannsthal, S. 26
109 1 Hofmannsthal, S. 26 2 Fontane zum Vergnügen, S. 124 3 Busch, S. 868 4 Petan, S. 58 5 Brecht, GBA 11, S. 92 (Erinnerung an die Marie A)